Galiza e Açores
– A Rota Americana

Galiza e Açores
– A Rota Americana

Coordenação:
Alberto Pena, Mário Mesquita
e Paula Vicente

2012

**GALIZA E AÇORES
– A ROTA AMERICANA**

PUBLICAÇÃO
Fundação Luso-Americana para o Desenvolvimento
Rua do Sacramento à Lapa, n.º 21
1249-090 Lisboa
Tel. (+351) 213 935 800 – Fax (+351) 213 963 358
www.flad.pt

EDITOR
Edições Almedina, S.A.
Rua Fernandes Tomás, n.os 76, 78 e 80 – 3000-167 Coimbra
Tel.: 239 851 904 · Fax: 239 851 901
www.almedina.net · editora@almedina.net

COORDENAÇÃO
Alberto Pena, Mário Mesquita e Paula Vicente

AUTORES
AAVV

DESIGN DE CAPA
FBA.

PAGINAÇÃO
Jorge Sêco

IMPRESSÃO | ACABAMENTO
PAPELMUNDE, SMG, LDA.
V. N. de Famalicão

Outubro, 2012

DEPÓSITO LEGAL
350152/12

TIRAGEM
750 exemplares

Toda a reprodução desta obra, por fotocópia ou outro qualquer processo, sem prévia autorização escrita do Editor, é ilícita e passível de procedimento judicial contra o infrator.

BIBLIOTECA NACIONAL DE PORTUGAL – CATALOGAÇÃO NA PUBLICAÇÃO

GALIZA E AÇORES – A ROTA AMERICANA

Galiza e Açores – A Rota Americana
Coord. Alberto Pena, Mário Mesquita, Paula Vicente
ISBN 978-972-40-4999-1

I – PENA, Alberto, 1972-
II – MESQUITA, Mário, 1950-
III – VICENTE, Paula

CDU 314
     316
     061

COMUNIDADES EURO-ATLÂNTICAS NOS ESTADOS UNIDOS DA AMÉRICA

Experiências da Emigração da Galiza e dos Açores

14, 15 e 16 de Outubro de 2009

Auditório da Biblioteca Pública
e Arquivo Regional João José da Graça

Horta, Faial, Açores

"Os Emigrantes". Tela a óleo da autoria do pintor açoriano
Domingos Rebelo (1891-1975)
Museu Carlos Machado, Ponta Delgada

Comissão Organizadora

Gilberta Pavão Nunes Rocha (Universidade dos Açores)
e Ramón Villares (Consello da Cultura Galega), presidentes
Rita Dias (Direcção Regional das Comunidades), Alberto Pena (Universidade de Vigo),
Alzira Silva (Deputada à Assembleia Legislativa da Região Autónoma dos Açores),
Mário Mesquita (Fundação Luso-Americana)

Instituições Participantes
Centro de Estudos Sociais da Universidade dos Açores, Consello da Cultura Galega,
Direcção Regional das Comunidades/Governo Regional dos Açores,
Fundação Luso-Americana

ÍNDICE

BREVE APRESENTAÇÃO	9
I – INTRODUÇÃO	11
AÇORES E GALIZA: EXPERIÊNCIAS DE EMIGRAÇÃO PARTILHADAS *Jorge Costa Pereira*	13
A "CAUDA" DA EUROPA AINDA PERTENCE À "CABEÇA" DO MUNDO *Avelino de Freitas de Meneses*	15
II – EMIGRAÇÃO, HISTÓRIA E MEMÓRIA EM PORTUGAL E NA GALIZA	19
A MEMORIA DA EMIGRACIÓN GALEGA EN AMÉRICA *Marcelino Fernández Santiago*	21
A EMIGRAÇÃO NA SOCIEDADE AÇORIANA: OS EUA COMO DESTINO *Gilberta Pavão Nunes Rocha*	37
UM PERFIL DOS LUSO-AMERICANOS "NASCIDOS EM PORTUGAL": ALGUMAS CONDICIONANTES ESTRUTURAIS À TRANSMISSÃO E REPRODUÇÃO DA CULTURA DE ORIGEM *Eduardo Ferreira*	47
A EMIGRAÇÃO DO FAIAL PARA OS ESTADOS UNIDOS DA AMÉRICA NO SÉCULO XIX – UMA INTERPRETAÇÃO *Ricardo Manuel Madruga da Costa*	63
III – COMUNICAÇÃO E EMIGRAÇÃO NOS ESTADOS UNIDOS	79
PELOS CAMINHOS DA EMIGRAÇÃO *Ruben Rodrigues*	81

ECOS DA EXPERIENCIA MEDIÁTICA GALEGA EN AMÉRICA NOS TEMPOS
DA RECONFIGURACIÓN DO ESCENARIO COMUNICATIVO · · · · · 83
Xosé López

A IMPRENSA PORTUGUESA NA COSTA LESTE DOS ESTADOS UNIDOS · · 93
Manuel Adelino Ferreira

IV – EMIGRAÇÃO, ECONOMIA E RECURSOS HUMANOS NOS EUA · · 97

OS PORTUGUESES DOS EUA EM 2006 – CARACTERÍSTICAS DEMOGRÁFICAS,
SOCIAIS E ECONÓMICAS · · · · · 99
Maria Glória de Sá

DA COSTA GALEGA A NEW YORK. UN MODELO PARTICULAR DE EMIGRACIÓN · · 113
Luisa Muñoz Abeledo

V – EMIGRAÇÃO E INOVAÇÃO: OS NOVOS DESAFIOS
PARA AS RELAÇÕES ATLÂNTICAS · · · · · 123

PUBLIC DIPLOMACY E EMIGRACIÓN – O CASO DA COMUNIDADE GALEGA
NOS ESTADOS UNIDOS DE AMÉRICA · · · · · 125
Alberto Pena

DIPLOMACIA, CULTURA E EMIGRAÇÃO – A COMUNIDADE LUSO-CANADIANA
DO ONTÁRIO 50 ANOS APÓS A CHEGADA AO CANADÁ – UM BREVE RETRATO · · 141
Maria Amélia Paiva

COMUNIDADES EURO-ATLÂNTICAS NOS ESTADOS UNIDOS DA AMÉRICA
– EMIGRAÇÃO PORTUGUESA (AÇORIANA) NA CALIFÓRNIA E ESTADOS
UNIDOS – EXPERIÊNCIAS EMPRESARIAIS · · · · · 149
Tony Goulart

EMIGRAR NO ATLÂNTICO – O PAPEL DOS MÉDIA ONTEM E HOJE
NA HISTÓRIA DA EMIGRAÇÃO AÇORIANA NA AMÉRICA · · · · · 159
José Maria Lopes de Araújo

BREVE APRESENTAÇÃO

Ao publicar este livro, a Fundação Luso-Americana pretende prestar homenagem a duas culturas que, pelas mesmas razões, ou pela força das suas especificidades, traçaram como destino a rota americana. Simultaneamente, assinala o registo de uma colaboração frutuosa que encetou com o *Consello da Cultura Galega*.

Foi nesse espírito que a FLAD co-organizou o colóquio "Comunidades Euro-Atlânticas nos Estados Unidos. Experiências da Emigração da Galiza e dos Açores", realizado em Outubro de 2009 na cidade da Horta, na ilha do Faial, ao qual também se associou a Direcção Regional das Comunidades/Governo Regional dos Açores. A iniciativa contou ainda com a colaboração das Universidades dos Açores, de Vigo e de Santiago de Compostela, parceria indispensável para o sucesso da iniciativa.

O fenómeno da emigração galega e açoriana – conforme escreveu o Prof. Alberto Pena da Universidade de Vigo – tem muitas convergências, especialmente nos EUA, onde os emigrantes encontraram um mundo novo no qual lançaram novas raízes sem esquecer as velhas origens. É assim da maior importância continuar a estudar este fenómeno e divulgá-lo, por forma a resgatar a história desta experiência única de duas culturas atlânticas lusófonas imbuídas do sonho americano.

A Galiza e os Açores, regiões autónomas de Espanha e Portugal, são dois territórios atlânticos excepcionais, unidos por características de idiossincrasia social comum. Partilharam os mesmos destinos ao longo da História, ainda que percorrendo caminhos diferentes. A Galiza foi e continua a ser uma espécie de ilha na Península Ibérica, cujos sinais culturais, como os do povo açoriano, foram forjados na sua relação com o Oceano Atlântico, e cuja economia assenta historicamente na pesca, na pecuária e na agricultura. As dificuldades de sobrevivência impulsionaram um espírito empreendedor que levou os galegos a espalharem-se pelo mundo na procura de novas oportunidades, abrindo a sua cultura ao intercâmbio atlântico desde o norte do Canadá até aos confins da Terra do Fogo. Por outro lado, os EUA surgiram como um destino natural e óbvio para os Açorianos que "avistavam" o seu novo porto do outro lado do Atlântico. A emigração ligada às vicissitudes locais, à indústria da baleação ou até aos fenómenos naturais, como a erupção do vulcão dos Capelinhos, foram factores que potenciaram a partida de muitos açorianos.

Este livro baseia-se nas comunicações proferidas no colóquio, cujos textos mantêm a língua original em que foram apresentados. O tema escolhido justificou, como parte integrante do programa, o visionamento do documentário "Devolvidos" com a presença do seu realizador Jorge Paixão da Costa e da projecção do filme "Sempre Xonxa" com a presença de Uxia Blanco. Aqui damos nota desta particularidade, uma vez que ambos abordam o fenómeno da emigração nas suas vertentes mais dramáticas e ainda actuais.

As reflexões aqui expressas são apenas um contributo que poderá ser continuado se existirem meios e vontade para tanto na Galiza e nos Açores.

FUNDAÇÃO LUSO-AMERICANA

I
INTRODUÇÃO

Açores e Galiza:
Experiências de emigração partilhadas

JORGE COSTA PEREIRA*

Em nome da Assembleia Legislativa da Região Autónoma dos Açores, agradeço o convite para esta instituição estar presente na abertura deste Colóquio dedicado às experiências da emigração da Galiza e dos Açores nos Estados Unidos da América.

E, para além do agradecimento público e formal, gostaria de lhe acrescentar um significado especial. É que, apesar de não haver um círculo eleitoral próprio que na Assembleia Legislativa da Região Autónoma dos Açores acolha representantes da nossa Diáspora, a verdade é que isso não tem impedido que a nossa Assembleia seja não só o órgão político onde todas as ilhas estão representadas, mas tenha assumido essa profunda aspiração de ser a casa de todos os Açorianos, independentemente da sua residência.

E a busca incessante e nunca plenamente atingida de servir esse desígnio da Açorianidade, na feliz expressão de Vitorino Nemésio, é um farol que nos guia nessa procura de dar consequência política e institucional ao conceito que todos defendemos: o de que os Açores são muito mais do que nove ilhas, são muito mais do que os seus cerca de 250 000 habitantes. Os Açores são também a sua Diáspora, que todos os dias se cumpre e realiza nas nossas comunidades dos Estados Unidos da América, do Canadá, do Brasil ou de Portugal Continental; enfim, nos quatro cantos do Mundo.

Por isso, o significado acrescido da presença da Assembleia Legislativa da Região Autónoma dos Açores neste evento: representamos os Açorianos de cá e

---

* Vice-Presidente da Assembleia Legislativa da Região Autónoma dos Açores, à data do Colóquio.

aspiramos a esse desígnio de representar plenamente todos os Açorianos da nossa Diáspora, de que uma parte é o objecto de estudo deste Colóquio.

Até lá, todas as iniciativas que permitam aprofundar o conhecimento dos processos de emigração, que analisem as suas experiências e que inclusive alarguem as perspectivas do conhecimento a outras comunidades (como é o caso presente com a comunidade galega, que partilha connosco esta experiência da emigração nos Estados Unidos da América), todas estas iniciativas, dizia, são contributos inestimáveis para nos conhecermos melhor. E conhecendo-nos melhor, compreenderemos certamente de forma mais profunda e radical quão importante e decisiva é para nós a nossa Diáspora.

Estão, portanto, de parabéns as instituições organizadoras deste Colóquio.

O Centro de Estudos Sociais da Universidade dos Açores, o Conselho de Cultura Galega, a Direcção Regional das Comunidades e a Fundação Luso-Americana para o Desenvolvimento, merecem justo e público agradecimento pela iniciativa. Bem hajam!

Aos participantes e conferencistas, uma palavra de especial apreço: é a qualidade da investigação e dos estudos que realizam que permitem conhecermos e compreendermos melhor e nas suas variadas dimensões as Comunidades Euro-Atlânticas nos Estados Unidos da América.

Obrigado por nos ajudarem a conhecermo-nos mais e a compreendermo-nos melhor.

Muito obrigado e votos de bom trabalho!

A "cauda" da Europa ainda pertence à "cabeça" do mundo

AVELINO DE FREITAS DE MENESES[*]

No século XV e na primeira metade do século XVI, os Açores foram um local de ingresso de gentes, principalmente de metropolitanos, também de estrangeiros, sobretudo flamengos, e ainda de diversas minorias, por exemplo, homiziados e escravos, constrangidos pelos poderes régio e senhorial, por exemplo, mouriscos e judeus, convencidos da possibilidade de desfrute de maior liberdade numa sociedade nova. Foi através do ingresso de gentes, o mesmo é dizer, da imigração, que uma terra deserta se converteu, aqui, numa paisagem humanizada.

No nosso tempo, pelo menos até à irrupção da recentíssima crise económica e financeira, os Açores são de novo uma terra de ingresso de forasteiros. Oxalá a sua chegada contribua para a conversão de uma comunidade envelhecida numa sociedade mais dinâmica. Com efeito, hoje, os Açores são um local de chegada de centenas, quiçá de milhares, de estrangeiros, ora procedentes dos ambientes mais quentes do Brasil, ora procedentes das regiões mais frias do Leste. Afora uma porção de desportistas e um punhado de artistas, a maioria acede aos empregos mais indiferenciados e menos remunerados. Inclusivamente, um pequeno contingente de homens e de mulheres não evita o contágio dos submundos, que inevitavelmente incluem o convívio com a clandestinidade e a delinquência. Este acesso dos estrangeiros à nossa terra é uma prova de desenvolvimento económico e de promoção social. Perante a perspectiva negativista, mesmo decadente, que nós possuímos de nós próprios, agora muito mais acentuada pela regressão do dito Estado social, o fenómeno constitui uma relativa contradição. No mínimo,

---

[*] Reitor da Universidade dos Açores, à data do Colóquio.

a reiterada pertença dos Açores e de Portugal à "cauda" da Europa é motivo de reflexão, pelo menos enquanto, com incerto sucesso, a "cauda" da Europa ainda pertencer à "cabeça" do Mundo.

À excepção das primeiras épocas, ou seja, da segunda metade do século XV e da primeira metade do século XVI, e do nosso tempo, ou seja, das últimas décadas, de permeio, temos cerca de meio milénio em que os Açores foram uma terra de saída de gente, isto é, de emigração[1]. Na verdade, durante cinco séculos, os açorianos retornaram ao Reino, imbuídos de projectos de colonização interna ou atraídos pela concentração administrativa e pelo bulício económico das grandes cidades. É talvez por isso que hoje existem "Casas dos Açores" em Lisboa, no Porto e no Algarve. Todavia, nesse longo tempo, os açorianos optaram sobretudo pela transferência para o Ultramar, primeiro, para as principais frentes da expansão colonial portuguesa – o Norte de África, a Índia e o Novo Mundo – e, após o desmoronamento dos grandes impérios, fruto dos impactos do liberalismo e do movimento das nacionalidades, para os novos e prósperos países americanos – o Brasil, os Estados Unidos e o Canadá.

Vejamos alguns exemplos!

Ainda na primeira metade do século XVI, as praças de Marrocos e as feitorias do Oriente atraem muitos açorianos. Geralmente, são agentes da religião, da guerra e da administração no cumprimento de missões oficiais. Mais raramente, são degredados no cumprimento de penas judiciais. Na generalidade, trata-se de população masculina, cujo objectivo principal não reside na fixação.

A partir de meados do século XVI, a revelação de potencialidades económicas, o declínio do comércio indiano e a ameaça dos estrangeiros acrescem o interesse pelo Brasil, que se converte na principal colónia de Portugal e quiçá da Europa. Por força da grande vastidão, a ocupação brasileira exige o ingresso de muitos portugueses, sobretudo metropolitanos, mas também insulanos, designadamente, açorianos. Aliás, a colonização do Brasil altera profundamente o carácter e o volume da emigração açoriana. De facto, em vez dos agentes mais singulares do passado, que promovem o governo, a defesa e a evangelização, assistimos à debandada de famílias de populares, que trocam a dura penúria insular pela crença na utopia da prosperidade brasileira, precisamente, quando ecoa a fama das frotas do açúcar e do ouro dos séculos XVII e XVIII, que sustentam a independência e o prestígio de Portugal.

A saída de açorianos para o Brasil é um processo contínuo que prossegue muito para além do grito do Ipiranga de 7 de Setembro de 1822. Com efeito, só

---

[1] Mediante as suspeitas, mas também as confirmações, de que a actual crise económica e financeira portuguesa suscita o recrudescimento de uma nova emigração, urge a realização de uma análise, à escala açoriana, para clarificar o efectivo impacto do fenómeno nas ilhas.

no termo do século XIX se altera substancialmente a fisionomia da emigração açoriana. Na verdade, nos Açores, na década de 1870, o colapso em simultâneo da laranja e da vinha motiva uma profunda crise económica, que justifica a conquista da primeira Autonomia em 1895. Nesta conjuntura de dificuldades, aumenta a debandada das gentes, que se traduz na contracção do efectivo populacional. A partir de então, da análise da emigração açoriana, ressalta sempre a preponderância do destino ultramarino, mas avulta igualmente a mudança de rumos. De facto, a par do chamariz das cidades do Brasil, surge a solicitação da costa norte-americana, primeiro, os Estados Unidos, mais recentemente, também o Canadá, quando já no século XX a modernização do pós-guerra faculta a partida de portugueses continentais para a Europa e de açorianos para a América do Norte, quando também os constrangimentos do Estado Novo originam uma multidão de excluídos, que procura a felicidade além-fronteiras.

É por tudo isto que hoje, entre os açorianos, são mais os de fora do que propriamente os de dentro. Isso apenas demonstra que, na marcha da civilização, os Açores desempenham uma função extraordinária, que sempre superou a reduzida expressão da dimensão territorial, do efectivo demográfico, da produção de riqueza e até da representatividade política, que só adquire dignidade na sequência da revolução portuguesa de 1974, que permite a institucionalização da autonomia constitucional em 1976. Nos nossos dias, entre as comunidades de dentro e de fora, há que incentivar o diálogo, aguardando-se pelo patrocínio dos poderes públicos e pela iniciativa dos particulares. É, entretanto e sempre, aos emigrantes que se pede mais exigências. Por um lado, importa que venham aos Açores à descoberta das raízes, ou seja, em busca de elementos de identificação, mais úteis do que se pensa na consecução de progresso na sociedade da globalização, naturalmente descaracterizadora. Por outro lado, pretende-se que ganhem maior evidência nos países de acolhimento, tanto os mais antigos, como os mais recentes, pois só assim serão verdadeiros mensageiros da açorianidade, que comporta, entre características contraditórias, uma marca de mundividência, que comunga e acentua o carácter universalista da cultura portuguesa.

Por tudo aquilo que se disse, é importante o estudo do fenómeno migratório. Além disso, faz sentido que esse estudo se realize, por iniciativa do Governo, da Universidade e da FLAD, aqui no Faial, donde há cerca de 50 anos, na sequência da erupção dos Capelinhos, zarpou um significativo contingente de emigrantes açorianos para os Estados Unidos. É ainda mais importante que um tal estudo se faça através do confronto com outras experiências migratórias estrangeiras, por exemplo, a da Galiza. De facto, é do confronto do conhecimento que verdadeiramente brota mais conhecimento, sendo essa, e sempre, a nossa missão principal.

II

**EMIGRAÇÃO, HISTÓRIA E MEMÓRIA
EM PORTUGAL E NA GALIZA**

A memoria da emigración galega en América

MARCELINO FERNÁNDEZ SANTIAGO*

>*Necesitábanse pra traballar homes rexos na ponte de Brooklyn. Con unha soldada de sete dólares por dúas horas de carrexos de entullos. Soio por duas horas cada xornada no interior dunha campana de ferro, asentada no fundo lamento do río, con ár comprimido arredando entrase a iaga na cavada. A ponte facía Brooklyn a Manhattan cinguido (...).*
>
>*Esta ponte de aceiro enlevada sobor de New York, ten millas de roscas, de parafusos, de aceiros. Érguese sobor do xiado East River esta maior ponte, dín, do mundo, construido por extranxeiros emigrantes de Europa. Algús galegos senlleiros traballamos nél. Un traballo decían, ben pagado. Cento-corenta-dolares. Por uns días fumos buceiros pra ponte de Brooklyn feito sobor do río abafado*
>
>LUIS SEOANE: *Fardel do exiliado*

A historia da Europa atlántica é inseparábel, cando menos durante os últimos cento cincuenta anos, dos fluxos migratorios, nos que participaron varios millóns de persoas que desde o vello continente europeo vense obrigadas a abandonar os seus lugares de orixe na procura das novas terras, entre as que ten un papel predominante como destino América. Migracións que caracterizaran tamén o devir doutros pobos, como os do continente africano e asiático, e que continúan nos tempos presentes cando aparecen novos orixes e destinos para estas correntes migratorios, favorecendo a construción deste modo do mundo global no que hoxe habitamos.

Considero que non é preciso lembrar a importancia histórica e actual dos movementos migratorios neste foro, que ten como obxectivo analizar as migracións en dúas áreas como Galiza e as Azores, rexións que durante a época

---

* Coordinador Técnico do Arquivo da Emigración Galega (Consello da Cultura Galega).

contemporánea caracterizáronse pola saída masiva de persoas cara outros países, e fortemente condicionadas no seu comportamento demográfico, na súa sociedade, na súa cultura, na literatura, no cine ou na música, na cociña ou na arquitectura, pola pegada da migración. E os congressos académicos, como o que da lugar a este libro, nos permiten encontrarnos con outros investigadores para, desde unha perspectiva comparada, contrastar os estudos con respecto á emigración de áreas como Galiza e as Azores, e ver os seus puntos comúns e as súas diferenzas para comprender mellor os comportamentos dos fluxos migratorios, as súas causas e as súas consecuencias.

A emigración galega a América e Estados Unidos: unha achega

No contexto das migracións internacionais contemporáneas vaise desenvolver unha importante corrente emigratoria galega a América, no que participan máis de dous millóns de galegos no período comprendido entre 1836 e 1960, con dous destinos prioritarios: Cuba e o Río da Prata, figurando nun segundo lugar outras áreas xeográficas como Brasil, Venezuela, México ou Estados Unidos, aínda que se pode rastrexar a presenza galega por todo o continente americano.

Case ningunha actividade da sociedade galega ficou á marxe da influencia da emigración; sexa no campo económico, cos cambios no réxime de tenencia da terra que permitiu o acceso do campesiñado á propiedade plena da mesma e á modernización agraria durante o primeiro terzo do século XX, o crecemento do sector industrial e terciario e o crecemento urbano; sexa nas modificacións producidas no campo social, cultural, educativo, ao tempo que provoca a rexeneración do sistema político, co nacemento de novas ideoloxías e a aparición do ideario galeguista.

A existencia de emigracións cara a América remóntase á época colonial, sobre todo a partir do último terzo do século XVIII, cando se organizan en Galiza diferentes expedicións para o poboamento de áreas estratéxicas do, naquel momento, territorio español de Ultramar, como a Costa dos Mosquitos (na actual Nicaragua) e particularmente a expedición das familias que tiña como obxectivo o poboamento da banda oriental do Río da Prata (o actual Uruguai) fronte ao expansionismo do imperio portugués. Pero tamén se producen emigracións de carácter espontáneo grazas ao establecemento de importantes relacións comerciais co Río da Prata desde o porto da Coruña, impulsadas polas medidas de liberalización comercial de finais do século XVIII.

Pero non será até a segunda metade do século XIX cando a emigración a América teña un carácter masivo, especialmente a partir do último cuarto dese século (vid. Táboa 1). Na década de 1880 aparecen as primeiras estatísticas oficiais da emigración española que nos permiten achegarnos ao estudo do fenómeno emigratorio galego, que representa unha porcentaxe moi importante do conxunto español, próximo ao 40 % do total.

Entre 1885 e 1895 aparecen desglosados na táboa 2 os datos referidos a Galicia, que nos ofrecen unha primeira fotografía da emigración, cun claro predominio das dúas provincias atlánticas (A Coruña e Pontevedra). Tamén se observa desde un primeiro momento as preferencias como destinos de Cuba e Río da Prata, aínda que cun certo predominio da illa antillana, aínda colonia española como principal lugar de destino dos emigrantes galegos durante todo o século XIX. Mentres que o Río da Prata, e principalmente Arxentina, convértense, desde comezos do século XX, na principal área receptora, que despraza á antiga colonia antillana nas preferencias dos emigrantes.

Segundo as estatísticas oficiais de emigración entre 1911 e 1930 emigran un total de 1.739.570 españois dos que 733.176 son galegos (vid. Táboa 3). Para darnos unha idea da importancia desta cifra hai que sinalar que segundo o censo de 1900 Galicia tiña unha poboación aproximada de 2 millóns de habitantes, e nalgúns anos as saídas cuantifícanse en máis de 70.000 saídas. Será durante este período cando se produce a plena incorporación de todas as provincias galegas aos movementos emigratorios.

As persoas que participan nestas primeiras etapas son predominantemente homes novos, cun predomino de agricultores. Unha parte importante deles radícase temporal ou definitivamente nas novas sociedades americanas, a pesar de que a porcentaxe de retornos neste período é moi elevado, conformando nestes países importantes colectividades galegas. Concéntranse principalmente nos medios urbanos e se localizan maioritariamente nas grandes cidades, onde desenvolven prioritariamente actividades laborais relacionadas co comercio e a pequena industria artesanal.

Fronte ao carácter marcadamente rural de Galicia, os emigrantes encóntranse en cidades modernas, cosmopolitas, cunha forte presenza das actividades sociais e culturais, un mundo con mercados editoriais importantes, con medios de comunicación como a prensa ou a radio, con novos hábitos como a cinematografía, a música ou o teatro, con novas manifestacións políticas, etc. Nestas colectividades comeza a formarse e consolidarse unha clase media emerxente, cunha alta capacidade económica e que está a demandar novos bens culturais. Será nestes lugares onde se van a desenvolver moitas das primeiras actividades sociais, culturais e políticas dos galegos, que logo se trasladarán á Península. Sómente pódese entender neste marco o constante apoio desde as colectividades emigrantes ás iniciativas culturais xurdidas en Galicia, a formación en América dalgúns dos máis destacados escritores, xornalistas ou políticos, pero tampouco será unha casualidade que institucións tan simbólicas como a Real Academia Galega se cree en A Habana, onde tamén ten lugar a estrea do Himno galego ou a publicación de numerosos libros ou xornais, moitos deles destinados ao público de Galicia,...

A crise de 1929, o comezo da Guerra Civil e a continuidade na II Guerra Mundial producen o corte das correntes emigratorias, aínda que cómpre destacar desde o ano 1936 a chegada de numerosos exiliados, o que facilitara que durante a longa noite de pedra que vive a Península nos anos da posguerra, nas colectividades emigrantes se realicen importantes manifestacións culturais e políticas, que permitiron manter viva a identidade e a idea de Galiza, o que levou a denominala como a esa galiza emigrada como a "Galiza ideal".

A partir de 1947 rexurde novamente con forza a emigración para alcanzar os seus máximos nos anos 1950-1957, saindo de Galiza no período 1946-1960 máis de 286.000 persoas (vid. Táboa 4). Neste período aparecen novamente como destino prioritario Arxentina, pero tamén a outros países americanos emerxentes como Venezuela. Esta situación perdurará en liñas xerais até a década de 1960, cando a emigración galega comeza a dirixirse cara novos destinos, principalmente a Europa.

Como o título deste estudo é sobre as comunidades euroatlánticas nos Estados Unidos de América, creo preciso facer nesta breve intervención unha referencia á emigración galega cara Estados Unidos.

Como característica principal indicar que a pesar de ser o destino principal e preferente da emigración europea durante a época contemporánea, constátase unha moi escasa presenza da emigración galega neste destino, o que é un signo distintivo da emigración galega e española respecto a outras correntes, como a portuguesa e concretamente a emigración das illas Azores que ten este destino como un dos prioritarios. Esta ausencia da emigración galega en Estados Unidos vai ter un claro reflexo nas practicamente nulas investigacións sobre as correntes cara este destino.

Situación favorecida pola marxinalidade dos portos galegos nas liñas con destino a Estados Unidos, aínda que algúns podían saír desde portos doutros países, especialmente británicos; así como pola política pro activa dos gobernos latinoamericanos por atraer estas correntes emigratorias desde Galiza. As causas poden ser moi variadas e tamén poden responder a diferentes motivacións, pero parece responder ás facilidades para emigrar a causa das semellanzas culturais e as relacións históricas tradicionais con América Latina, que configuraron importantes redes de relacións, mais que as posíbeis vantaxes económicas que representan os diferenciais de salarios, que podía ter este destino fronte ás areas onde se localiza a emigración galega.

Como vimos anteriormente, durante o século XIX, nas estatísticas de emigración española, as saídas de pasaxeiros desde portos españois cara a Estados Unidos son practicamente inexistentes, entre 1890 e 1899 rexístranse un total de 552 saídas; aínda que as estatísticas americanas nos indican unha maior entrada de españois, e para o mesmo período rexistran a entrada de 6.565 inmigrantes de orixe española, o que é debido a que a pesar de non ser un primeiro destino dos galegos, nalgúns casos convértese nun segundo destino de emigrantes xa radicados previamente noutros países, nomeadamente Cuba e Porto Rico.

En 1900 só había rexistrados no Censo un total de 6185 españois en todos os Estados Unidos (cifra que só representa o 0,2 da poboación estranxeira). Número que se incrementa nas dúas primeiras décadas so século XX para acadar a cantidade de 49.535 españois censados no ano 1920 (0,4 % da poboación estranxeira). Será precisamente este período, que cubre dende o cambio de século (co final da guerra de Cuba) até a década de 1920, anos no que se implantan as leis de cotas, a época que presenta unha maior emigración española en Estados Unidos. Nos anos 1910 – especialmente durante os anos da I Guerra Mundial –, a causa da caída doutros fluxos inmigratorios desde Europa e as propias necesidades da industria bélica, aumenta considerablemente a corrente emigratoria procedente de España, nalgúns casos favorecida por unha política de recrutamento de emigrantes en Galicia, como poden ser as recrutas de traballadores nas rías de Arousa, Riveira, Carreira e Caramiñal, así como nas proximidades da cidade da Coruña durante o ano 1916.

O restablecemento do trafico atlántico e o crecemento do transporte de pasaxeiros facilita o aumento dos emigrantes españois con destino a USA. En 1920 convertese no terceiro destino americano ao que se dirixen os pasaxeiros embarcados en España, cunha porcentaxe do 11% (só por detrás de Cuba e Arxentina), cun predominio claro dos galegos que chegaban a representar perto do 50% do total dos emigrantes españois. Pero a implantación da lei de cotas do ano 1921 (que limitaba as entradas ao 3% do total de españois que figuran no censo de 1910) e 1924 (que limita esta cantidade aínda máis, pois só poden entrar o 2% de españois censados en Estados Unidos en 1890), frea as posibilidades de ingreso legal de españois a Estados Unidos, pois só está permitida anualmente a entrada dun cupo que oscila entre os 1300 e 1800 emigrantes.

Trátase principalmente dunha emigración libre, aínda que tamén existen contratas para traballos agrícolas dirixidas especificamente a certos Estados.

É o caso do Estado de Lousiana, onde tras o final da escravitude no século XIX, ao igual que outros estados do Sur realizan campañas en Europa para recrutar man de obra destinada a traballar na cana de azucre. Grazas a estas xestións conseguen, a pesar da oposición das autoridades coruñesas, o traslado duns 300 emigrantes galegos en 1880. As duras condicións de vida provocan que moitos deles co apoio das autoridades consulares se dirixan posteriormente a Cuba.

Tamén existe unha importante corrente de persoas contratadas para traballos agrícolas nas illas Hawai (compartindo, neste caso, destino con moitos emigrantes portugueses), onde se trasladan aproximadamente 8000 emigrantes españois. A primeira das expedicións con este destino sae do porto de Vigo en 1900 con

300 emigrantes. Pero a maioría non se instala definitivamente nestas illas e reemigra cara a costa oeste de Estados Unidos, así en 1907, cando chega a segunda expedición, practicamente non queda ningún emigrante da primeira expedición.

Pero como indicamos anteriormente trátase principalmente dunha emigración espontánea, que se retroalimenta pola existencia de cadeas emigratorias desde determinadas comarcas galegas, así como polo traslado a Estados Unidos de emigrantes asentados previamente noutros destinos, sobre todo Cuba e Porto Rico.

Os dous destinos principais de asentamento no territorio de Estados Unidos son Florida e a área de Nova York-Nova Jersey.

En Florida localízanse na área de Tampa e Ybor City, lugares moi vencellados ao desenvolvemento da industria tabaqueira en Florida. Segundo os estudos de Ana Varela, esta presenza de emigrantes galegos está moi vinculada ao traslado de empresarios desta orixe desde Cuba a esta área con motivo da inestabilidade política e militar da illa caribeña no último cuarto do século XIX. Despois dun primeiro asentamento na illa de Cayo Hueso trasládanse á zona de Tampa, onde o factor máis influinte na chegada de inmigrantes é a creación de Ybor City que leva o nome do promotor desta iniciativa, emigrante de orixe asturiano. A área de Tampa incrementa notablemente a súa poboación, desde os 720 habitantes censados en 1880 ata os 5.532 de 1890, nos que máis da metade eran inmigrantes. En 1890 había 389 españois censados en Florida, e chega a alcanzar o número de 1084 en 1900. Unha das súas características é que os inmigrantes radicados nesta área non proceden directamente de Galicia, senón que proceden maioritariamente da illa de Cuba ou da area de Nova Orleáns; aínda que orixinariamente procedían da provincia da Coruña (zona de Ferrol, Coruña, e área de Brión, A Barcala: A Baña, Negreira,..) e de Lugo, principalmente da área próxima a Asturias (A Mariña e Ribadeo), pois outra comunidade moi importante era a asturiana. Mentres os emigrantes da provincia da Coruña dedicábanse maioritariamente ao comercio, os procedentes da provincia de Lugo eran principalmente empregados da industria tabaqueira.

A outra área principal de radicación de inmigrantes galegos é a cidade de Nova York e a área circundante de Nova Jersey, onde convivían persoas orixinarias de Cuba ou de Porto Rico, que creaban na cidade delegacións das súas industrias tabaqueiras ou comerciais, xunto a un grupo importante de persoas vinculadas ao sector portuario como mariñeiros dos barcos ou estibadores, destacando neste sentido a súa participación no nacente movemento obreiro americano. Aínda que tamén podemos encontrar galegos empregados na construción, no sector industrial metalúrxico ou mesmo na minería. A orixe desta emigración parece radicar na instalación de mariñeiros, xeralmente tripulantes de compañías navieiras americanas, moitas delas con relacións comerciais coa illa de Cuba, que posteriormente consolidarían cadeas e redes coas súas comarcas de procedencia.

De aí o predominio case exclusivo das áreas litorais da Galicia (Noia-Muros, Ribeira, mariña coruñesa).

En Galicia, se hai unha área claramente definida con destino a Estados Unidos é a area da mariña coruñesa, que comprende os concellos de Sada, Bergondo, Oleiros e Cambre. Nun estudo realizado por Nancy Pérez Rey na análise dos rexistros de emigrantes destes concellos, constátase un predominio, ao contrario que no resto de Galicia, na preferencia por emigrar a Estados Unidos, especialmente no concello de Sada. Localízanse preferentemente en Queens, onde ten precisamente a súa sede a Casa de Galicia, e en Manhatan –especialmente na parte sur da illa, Downtown, e nas proximidades da ponte de Brooklyn, onde se concentra unha parte moi importante da colonia española e teñen a súa sede moitas das institucións da colectividade. Pero tamén hai unha destacada presenza noutras áreas como o Bronx e Brooklyn ou en zonas próximas de Nova Jersey, como Newark.

A identidade de Galicia en América: o nacemento e consolidación do asociacionismo emigrante

Unha das consecuencias máis significativas da existencia destas importantes colectividades galegas é o nacemento e consolidación do asociacionismo étnico galego en América.

As primeiras mostras dun asociacionismo galego no continente americano atópanse a finais do século XVIII coa creación das primeiras Congregacións de Orixinarios do Reino de Galicia. Na súa tipoloxía seguen o modelo doutras asociacións destas características fundadas na Península previamente como a de Madrid. A primeira destas entidades creadas en América foi a Real Congregación de Naturales y Originarios del Reino de Galicia, que se funda na cidade de México en 1768. Posteriormente constitúense novas congregacións de carácter relixioso, como a fundada na cidade de Bos Aires en 1790. E xa no século XIX, constitúese, en 1804, a Santa Hermandad de Santiago el Mayor de los Naturales y Originarios del Reyno de Galicia na cidade da Habana.

Os procesos de independencia americana representan a desaparición destas entidades, salvo no caso de Cuba, onde permanecerá durante máis tempo, pero moi limitada a súa actividade á organización de actos relixiosos con motivo da celebración da festividade de Santiago Apóstolo. Haberá que esperar até mediados do século XIX, cando a emigración galega adquire carácteres masivos no continente americano, para constatar a presenza dun asociacionismo propiamente emigrante.

Persoas de orixe galega participan, cando non lideran, as sociedades panhispánicas que se comezan a crear neste momento, como as Sociedade Española de Socorros Mutuos ou as Sociedades Españolas de Beneficencia. Pero co comezo da década de 1870 empeza a aparecer un novo modelo asociativo coa constitución das primeiras entidades representativas dun primeiro asociacionismo galego, en particular coa creación da Sociedade Beneficencia de Naturales de Galicia, fundada na cidade da Habana o 31 de decembro de 1871, cunha clara finalidade benéfica e de auxilio: protexer aos seus asociados e proporcionar socorro aos naturais de Galicia e aos seus familiares que se atopen necesitados.

A esta entidade pioneira sumaranse ao longo desta década novas fórmulas organizativas, principalmente de carácter recreativo, que responden ás novas necesidades dun sector da colectividade galega, como a sociedade coral Ecos de Galicia da Habana ou a Sociedade de Xantares Clásicos Galegos de Bos Aires. Proceso que terá a súa principal plasmación na constitución a finais desta década dos Centros Galegos, entidades de carácter principalmente recreativo, que se constitúen paralelamente nos principais países destinatarios da emigración galega, coa formación no prazo de menos dun ano dos Centros Galegos de Bos Aires, Montevideo e da Habana. Pero tamén xorden outras iniciativas fóra das capitais, por exemplo en Uruguai créanse Centros Galegos en Nova Palmira (1881), Melo (1883) ou Artigas (1885); ou a República Arxentina coa formación en localidades do interior como Correntes (1879), Córdoba (1889) ou Rosario (1892), que en xeral tiveron unha vida moi curta.

A vida destas primeiras entidades organizativas seguirá camiños diverxentes. Fronte ao éxito do Centro Galego da Habana, o de Bos Aires ten unha existencia moi efémera pola desunión e os conflitos internos entre os seus dirixentes, o que provoca unha pronta escisión e un importante decaemento das súas actividades, para desaparecer organizativamente a finais de 1892. A pesar da súa curta vida realizou un importante labor, centrando sobre todo no ámbito cultural e no instrutivo organizando clases nocturnas para mellorar a escasa formación dos inmigrantes. Mentres o de Montevideo manterá ao longo de toda a súa historia a súa finalidade recreativa.

Durante este mesmo período terá lugar o nacemento da prensa galega da emigración, en moitas ocasións impulsada polos propulsores do asociacionismo galego. Aparecen periódicos como *El Avisador Galaico*, editado pola Sociedade de Beneficencia de Naturais de Galicia de Cienfuegos (1878), *El Eco de Galicia*, cuxo primeiro número edítase na Habana o 8 de marzo de 1878, dirixido por Waldo Álvarez Insua, que é un dos promotores do Centro Galego, *El Gallego. Periódico Semanal órgano de los intereses de su nombre*, nacido o 27 de abril de 1879, grazas á iniciativa de Cisneros Loces que aparece como fundador e propietario. Ao ano seguinte aparece *Revista Galaica*, fundada por Eduardo Caamaño e na que participan Manuel Barros, Joaquín Castro Arias. Posteriormente xurdirán numerosos títulos de publicacións dirixidos á colectividade galega, entre os que cabe destacar títulos en diferentes países e períodos cronolóxicos como *Eco de Galicia, Correo de Galicia, Nova Galicia, Heraldo Gallego, A Gaita Galega, Nova Galicia, Gaita Gallega, Cultura Gallega, Galicia, El Ideal Gallego Aires da miña Terra, Suevia, A Terra, Céltiga, Mundo Gallego, Galicia emigrante,* e un longo etcetera.

A través da experiencia do Centro Galego de Bos Aires pode observarse como o éxito das grandes institucións galegas no armazón asociativo está directamente relacionado co seu perfil asistencial-mutualista, o que pode estenderse ao Centro Galego da Habana, pois ambas as entidades só logran consolidarse e expandirse a partir da prestación de servizos médicos para os seus asociados, e mesmo chegan a competir na prestación deste tipo de servizos coas grandes institucións pan hispánicas, o que volve confirmarse coa creación da Casa de Galicia de Montevideo, creada o 4 de agosto de 1917 por iniciativa de José Mª. Barreiro (director de revista *Tierra Gallega*), que xorde como unha resposta ao carácter ao cada vez máis elitista do Centro Galego de Montevideo e á necesidade de crear unha entidade que satisfaga as necesidades de asistenciais da ampla colectividade galega asentada en Uruguai, o que a levara a converteráse na entidade máis importante de Uruguai, ou no caso de Cuba o éxito de Hijas de Galicia, entidade fundada en 1917, que terá como obxectivo fundacional a prestación de servizos médicos ás mulleres emigrantes, como reacción ás limitacións asistenciais do Centro Galego da Habana que impedía a entrada de mulleres na entidade.

Será a prestación mutuo-asistencial a que motivará a moitos emigrantes a participar nelas. A relación existente entre prestación de servizos e número de asociados pódese apreciar na evolución destas entidades; nun primeiro momento constitúense como sociedades recreativas, e o seu número de afiliados sitúase en valores moi baixos (entre 200 e 400 asociados), pero a partir de que pasan a converterse en sociedades de carácter asistencial-médico prodúcese un constante incremento na cantidade de asociados, proceso que tende a acelerarse nos períodos nos que se producen importantes melloras nos servizos médicos como a construción do sanatorio social, ou a diversificación da súa área de actuación, nun principio moi limitado ás áreas céntricas, para expandirse a outras zonas.

A pesar do importante número de socios destas entidades seguen mantendo o seu carácter étnico, como pode observarse no Centro Galego de Bos Aires, que en decembro de 1931 superaba os 38.000 asociados, dos cales a cifra de españois de orixe non galega era só de 5.190. En 1936 volve observarse o predominio dos socios nacidos en Galicia: o 51,62% eran de orixe galega (28.519) dun total de 55.234 asociados, 13,25% españois (7.319), 1,48% estranxeiros (811) e un significativo un 33,65% (18.594) eran nacidos en Arxentina, moitos dos cales seguramente eran descendentes de galegos.

Xunto ás actividades de carácter asistencial médico hai que destacar no campo do mutualismo a prestación de servizos funerarios coa construción de panteóns sociais. En Bos Aires estas prestacións serán monopolizadas polo Centro Galego, mediante a construción dun Panteón Social na Chacarita. Esta construción intenta representar unha unidade simbólica con Galicia, idea de volta á súa terra natal, seguindo nas súas liñas arquitectónicas ao románico galego, o claustro é unha replica do claustro da colexiata do Sar en Santiago de Compostela e conta igualmente cun cruceiro, obra do escultor Francisco Asorey. En Cuba, o Centro Galego non atenderá este tipo de actividades, que serán asumidas pola Sociedade de Beneficencia Naturais de Galicia e as múltiples entidades locais e comarcais, que construirán no cemiterio habaneiro de Colón diferentes panteóns para enterrar aos socios falecidos.

Esta finalidade principalmente asistencial dos Centros Galegos vai permitir a aparición e consolidación doutras entidades rexionais que terán principalmente un carácter recreativo-cultural, converténdose moitas delas en puntos de encontro da elite da colectividade, onde participa unha minoría da mesma que representa aos sectores económicos acomodados ou á intelectualidade. Moitas destas asociacións limitábanse a posuír un local, onde organizaban reunións, faladoiros, xogos diversos e, sobre todo, actos sociais como bailes ou banquetes; pero tamén aparecen outras institucións cun cariz máis cultural e político.

Á beira destas entidades culturais e recreativas existen institucións dun carácter marcadamente político, que aparecen xeralmente nas primeiras décadas de cambio de século, coincidindo a súa constitución co momento de máximo apoxeo das campañas antiforais que se desenvolven en Galicia. En 1910 créase a iniciativa de delegados enviados desde Galicia a Unión Redencionista Gallega, que conta co apoio de diversas asociacións de emigrantes, intento que, como a formación dun efémero Directorio de Acción Gallega en Bos Aires formado en 1913, estiveron condeados ao fracaso.

Nesta década de 1910 ten lugar a aparición das primeiras entidades galeguistas en América coa formación en 1917 da Asociación Rexionalista A Terra, a Xuntanza Nazonalista Galega dá Habana (1920), o Comité Revolucionario Arredista Galego (1922), a Irmandade Nacionalista Galega (1923), Sociedade Nazonalista Galega Pondal, ORGA-ONRG.

As actividades culturais foron realizadas en certa medida por todas as asociacións, pero houbo algunhas que se crearon co exclusivo fin de fomentar a cultura galega en Galicia, entre estas cabe destacar a Asociación Iniciadora e Protectora da Academia Galega, xerme da actual Real Academia Galega, creada na Habana por iniciativa de Fontela Leal e Curros Enríquez e que terá continuidade coa creación en Bos Aires da Iniciadora e Protectora da Academia Galega (1919), que centraría a súa actividade na achega de fondos para o funcionamento desta institución galega, contribuíndo, ao mesmo tempo a sufragar edicións de obras e subscricións a publicacións periódicas. Entidades dun carácter similar serían a Institución Cultural Galega de Bos Aires (1930) que ten como finalidade apoiar ao Seminario de Estudos Galegos, intentando asumir a súa delegación en Bos Aires ou a comisión Biblioteca América, liderada por Gumersindo Busto, que permitíu dotar á Universidade de Santiago de Compostela dun importante fondo bibliográfico sobre temas americanistas.

Fóra deste marco organizativo hai numerosas iniciativas de carácter cultural nas que participa un importante número de sociedades como Prol Casa de Rosalía, Pro-Libro Escolar Galego, Pro-Residencia de Estudantes, etc.

Pero ao mesmo tempo que ten lugar a formación das grandes asociacións rexionais imos asistir co cambio do século XIX ao XX á aparición de novas entidades organizativas: as sociedades de ámbito microterritorial, que adoptan unha nova base de representatividade: a comarca, a localidade, a parroquia e, até, o lugar de orixe dos inmigrantes. Esta vinculación cos seus lugares de procedencia queda perfectamente definido na súa denominación, xa que aparece sempre unha referencia ao seu lugar de procedencia, precedido por termos variados como Asociación, Sociedade, Círculo, Club, Centro de Fillos, Naturais ou Residentes.

A aparición deste tipo de sociedades non é un fenómeno exclusivo da emigración galega. Dentro do contexto peninsular, o maior número destas sociedades correspóndense ás rexións do norte de España, destacando dentro delas as que representan a Galicia. En canto á súa expansión pódese sinalar que se localizan preferentemente en Cuba e Arxentina, pero tamén existen exemplos deste tipo de institucións en Uruguai, Brasil ou Estados Unidos.

Este modelo asociativo ten as súas primeiras representacións de forma case similar en Cuba e en Arxentina. En Cuba tende a sinalarse á Alianza Aresana de Instrución (1904) como a primeira entidade destas características en fundarse. O proceso é algo posterior en Arxentina, pois non será ata 1905 cando se crean a Sociedade Unión Hispano-Americana Pro-Valle Miñor ou Fillos de Betanzos; mentres en Uruguai a primeira entidade destas características é a Sociedade Prol Valle Miñor nacida en 1907 por iniciativa da sociedade homónima existente en Bos Aires e Fillos de Crecente, creada nese mesmo ano.

Pero xa anteriormente existían diferentes iniciativas, máis ou menos formalizadas, deste tipo de asociacións. A finais do século XIX créanse diferentes comités de auxilio para obras concretas nos seus lugares de orixe, tanto por iniciativa propia, como por petición expresa dos conveciños asentados en Galicia.

Nos anos seguintes van experimentar un proceso de crecemento moi importante, coa formación continua durante as primeiras décadas deste século de asociacións que representasen practicamente a todas as comarcas galegas. Polo xeral practicamente todas estas entidades realizan actividades recreativas, mediante a organización de festivais, ceas, banquetes, romarías. Pero á beira desta finalidade podemos observar como estas institucións tamén realizan actividades que permiten a continuidade ou construción dentro da mesma de novos marcos de sociabilidade. A propia existencia destas asociacións e a participación nelas dun número importante de asociados, aínda que nunha porcentaxe menor que nas actividades mutuais, vai permitir o nacemento e consolidación dun marco de relacións sociais propias que condicionan os mecanismos de inserción do inmigrante na sociedade receptora.

Pois a súa creación está directamente relacionada coa pervivencia de relacións e redes sociais que, en parte, foron transmitidas polos propios emigrantes a América, mediante as cadeas migratorias de determinadas zonas que permitiron a conformación de similares estruturas ocupacionais e pautas residenciais, consolidando deste xeito unhas redes de sociabilidade en América nas que participan emigrantes dunha mesma procedencia local; relacións que se van a institucionalizar coa creación destas novas entidades organizativas. Moitos dos emigrantes van seguir mantendo unha forte vinculación cos seus lugares de procedencia, por considerar que a súa estadía nos países americanos non era definitiva, pois nos primeiros anos pensaban na posibilidade dun próximo retorno; e o carácter de emigración non familiar implicaba unha relación continua cos parentes que permanecían asentados na Península. Ademais os inmigrantes tratan de buscar canles de inserción social primarias nunha realidade allea, polo que se refuxian no seo da colectividade inmigrante, creando distintos tipos de institucións, ao mostrarse insuficientes outras vías de integración tradicionais como a familia, as amizades, o lugar de traballo ou o barrio de residencia. Ao que habería que engadir o interese das elites para reforzar a súa posición dentro dos ámbitos de sociabilidade da colectividade como na sociedade receptora.

Moitas destas pequenas sociedades comarcais realizan un labor asistencial, pois contemplaban nos seus estatutos, a asistencia médica gratuíta, concesión de subsidios en caso de enfermidade dos seus socios, axudas para os gastos de enterro ou mesmo en determinados casos a repatriación a Galicia en caso de enfermidade incurable e falta de recursos. Pero o aumento da capacidade asistencial e mutual dos grandes Centros rexionais vai ir acompañado por un decrecemento deste tipo de actividades polas institucións locais, que progresivamente abandonan este tipo de fins, que sempre estivo moi condicionado pola escasa capacidade económica destas institucións e que se limita, na maior parte das ocasións, á concesión dalgúns auxilios económicos ou repatriación de socios enfermos, sen recursos ou as súas viúvas; á formación de oficinas de traballo, principalmente, en momentos de crise cando o grao de desocupación é elevado, que xestionarán a colocación laboral dos inmigrantes recentemente chegados ou os que non tivesen ocupación. Polo que pasarán a centrarse case exclusivamente na finalidade recreativa.

Pero quizais o trazo máis representativo deste tipo de institucións, e que incidiron na súa formación inicial é a necesidade de protección e fomento dos seus lugares de orixe, figurando explicitamente entre os seus obxectivos as iniciativas para mellorar as condicións de vida en Galicia e na emigración:

- actividades culturais e instrutivas, mediante a construción e o sostemento de escolas de primeiro ensino e a organización de bibliotecas co obxectivo manifesto de mellorar a formación dos futuros emigrantes.
- realización de obras públicas como fontes, lavadoiros, camiños, pontes, cemiterios.
- construción de diferentes edificios sociais (hospitais, sedes de sindicatos, casinos, casas do pobo, etc.).
- apoio ao movemento agrarista e aos sindicatos agrícolas, que se están a crear coetaneamente en Galicia.

Para conseguir estes obxectivos adoitan establecer nos seus lugares de orixe unha delegación da sociedade, formada xeralmente por emigrantes retornados, que era a encargada de efectivizar as intencións e proxectos da asociación de emigrantes, aínda que non sempre a forma de entender as actuacións previstas son compartidas pola sociedade matriz e a súa delegación, sobre todo nas sociedades de carácter agrarista máis politizadas, aparecendo numerosas controversias sobre as liñas de actuación e políticas a seguir.

En Estados Unidos tamén asistimos a esta dualidade presente nos principais destinos da emigración galega a América; pois tamén existen sociedades de ámbito representativo de Galicia como a Casa de Galicia ou o Centro Galicia de Newark, xunto a sociedades locais como a Sociedade de Instrucción Sada y sus contornos, fundada en 1914, que construirá unha escola no seu concello, tamén "El anzuelo" de Mugardos, Sociedad de Socorros Mutuos de Muros y sus contornos, Unión Cultural Bueu, Beluso, Bergondo y sus contornos, Hijos de Palmeira, Club Coruña, que nos veñen indicar en boa medida a xeografía de procedencia dos emigrantes. Aínda que podemos encontrar sociedades doutras características, entre as que cómpre destacar o Galicia Sporting Club (1922). Estas sociedades languideceron a partir da instauración de cotas e a continua caída da entrada de emigrantes.

O levantamento militar de 1936 tivo grandes repercusións na colonia galega en Estados Unidos e provocou unha forte reacción da colectividade, coa creación dun comité antifascista español, precedente das Sociedades Hispanas confederadas que tiña como obxectivo a solidariedade coa España Leal. Como resultado, en 1937, crease o Frente Popular Antifascista Gallego, que será o precedente da principal entidade representativa da emigración galega desde os anos 40, a Casa de Galicia-Unidad Gallega, que aínda existe hoxe en día.

Por último, quixera sinalar a necesidade de recuperar a memoria da emigración, como lugar central da conformación da Galicia contemporánea, pois cómpre entender a emigración en toda a súa complexidade, e ter novas perspectivas sobre a mesma, non limitarnos somentes ás causas e ver o importante papel que tivo na construcción das identidades e os importantes efectos dos retornos na modernización económica, social e cultural das súas áreas de orixe. Neste marco aparecen iniciativas como o *Arquivo da Emigración Galega*, impulsado polo Consello da Cultura galega co obxetivo de recuperar o patrimonio material e inmaterial da emigración.

ANEXOS

TÁBOA 1 – Emigración galega e española (1830-1960)

Saídas	España	x anual	Por mil	Galicia	x anual	Por mil
1836-1860	232.602	9.304	0,6	93.040	3.721	2,5
1861-1870	134.142	13.414	0,8	52.315	5.231	2,9
1871-1880	180.924	18.092	1,1	70.560	7.056	3,9
1881-1890	399.483	39.948	2,4	156.996	15.699	8,5
1891-1900	491.320	49.132	2,8	180.018	18.001	9,5
1901-1910	1.050.037	105.003	5,6	400.064	40.006	20,1
1911-1920	1.209.795	120.979	6,0	460.931	46.093	22,3
1921-1930	777.778	77.777	3,6	290.500	29.050	13,6
1931-1936	123.275	20.545	0,9	46.043	7.673	3,4
1940-1950	168845	15.350	0,6	72.568	6.597	2,6
1951-1960	543.705	54.370	1,9	218.568	21.858	8,4
1836-1960	5.311.906			2.041.603		

Fonte: A. Eiras (1993).

TÁBOA 2 – Destino dos emigrantes galegos a nivel provincial (1885-1895)

	A Coruña	Lugo	Ourense	Pontevedra	Galicia
Cuba	35.846	12.809	6.999	9.299	64.953
Porto Rico	1.744	260	714	1.717	4.435
Arxentina	24.043	4.008	3.331	30.911	62.273
Brasil	2.073	388	9.861	13.806	26.128
Colombia	14	8	-	1	23
Chile	83	19	20	236	358
USA	4	1	-	-	5
México	197	47	11	37	292
Perú	19	3	2	35	59
Uruguai	5.705	711	115	2.157	8.688
Venezuela	2	-	-	1	3
Outros	57	6	165	131	359
Total América	69.787	18.259	21.198	58.331	167.575

Fonte: Estatística de Emigración e Inmigración de España.

TÁBOA 3 – Emigración transoceánica a nivel provincial (1911-1930)

ANO	A Coruña	Lugo	Ourense	Pontevedra	Galicia	TOTAL
1911	15.889	11.847	11.843	12.711	52.290	138.773
1912	21.646	17.140	15.654	18.153	72.593	203.542
1913	16.039	12.746	13.451	13.824	56.060	165.010
1914	7.709	5.287	5.638	7.477	26.111	81.094
1915	7.311	5.230	5.560	5.532	23.633	30.849
1916	8.254	6.332	7.307	6.207	28.100	73.369
1917	5.090	3.568	4.598	5.022	18.278	53.632
1918	2.782	1.595	2.482	2.235	9.094	26.994
1919	14.659	6.235	8.114	8.559	37.567	83.609
1920	24.876	16.439	20.569	14.803	76.777	163.465
1921	9.343	7.135	5.621	3.337	25.436	74.639
1922	10.476	8.116	5.656	8.162	32.410	72.697
1923	16.331	11.031	11.851	11.454	50.667	102.350
1924	12.989	10.816	9.523	11.705	45.033	97.901
1925	8.655	6.328	6.033	14.483	35.499	68.921
1926	7.594	5.570	4.504	8.132	25.800	58.138
1927	7.530	5.553	5.860	7.736	26.679	58.610
1928	8.298	6.135	6.843	8.649	29.925	62.506
1929	9.515	6.873	7.408	8.923	32.719	67.118
1930	8.224	7.834	6.244	6.204	28.505	56.353
TOTAL	232.210	161.810	164.759	183.308	733.176	1.739.570

Fonte: Estatística de Emigración e Inmigración de España e de Pasaxeiros por mar.

TÁBOA 4 – Emigración transoceánica a nivel provincial (1946-1960)

ANO	A Coruña	Lugo	Ourense	Pontevedra	Galicia	Total
1946	520	174	331	656	1.681	5575
1947	1.543	1.105	1.248	2.534	6.250	13.352
1948	2.522	2.054	1.963	3.828	10.367	19.156
1949	6.030	4.080	3.975	7.025	21.110	41.910
1950	6.748	5.161	5.489	9.993	27.381	55.314
1951	7.590	4.177	4.888	8.545	25.200	56.907
1952	8.441	3.197	5.381	8.051	25.070	56.648
1953	6.267	1.886	4.457	5.760	18.390	44.572
1954	7.678	2.364	6.036	6.570	22.648	52.418
1955	10.998	3.323	6.792	8.380	29.493	62.237
1956	8.000	2.710	5.236	6.944	22.890	53.082
1957	10.082	2.897	5.464	8.979	27.422	57.900
1958	7.443	2.240	4.253	7.018	20.954	47.179
1959	4.851	1.350	3.095	4.661	13.957	34.550
1960	4.356	1.075	3.298	4.705	13.434	33.242
Total	93.089	37.793	61.906	93.649	286.437	634.222

Fonte: Estatísticas de Emigración do Ministerio de Trabalho.

GRÁFICO 1 – Evolución da emigración por países (1901-1930)

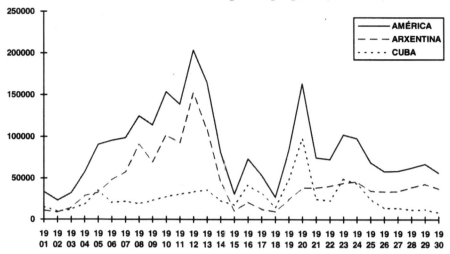

Fonte: Estatística de Emigración e Inmigración de España e de Pasaxeiros por mar.

GRÁFICO 2 – Evolución da emigración española a América (1946-1960)

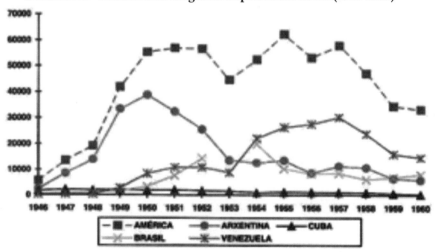

Fonte: Estatísticas de Emigración do Ministerio de Trabalho.

A emigração na sociedade açoriana: Os EUA como destino

GILBERTA PAVÃO NUNES ROCHA*

Nesta sessão dedicada à Emigração – História e Memória, as minhas primeiras palavras são de homenagem a uma das maiores investigadoras portuguesas, pioneira no conhecimento aprofundado da emigração portuguesa para o continente norte-americano – Maria Ioannis Baganha.

Se o conjunto da problemática migratória, designadamente da imigração, teve a sua atenção nos últimos anos, de que resultou uma obra de assinalável referência nacional e internacional e permitiu uma maior inserção da investigação portuguesa nos fóruns de maior relevância mundial, a emigração portuguesa constituiu o seu interesse primeiro tendo nela trabalhado na sua tese de doutoramento (Baganha, 1990). Fê-lo, em grande parte, com base nas fontes existentes naquele país, mas também procurou nos Açores, ainda que sem muito sucesso, informações que complementassem a investigação que estava a realizar. Os entraves institucionais, num país e região então pouco habituados a disponibilizar dados e partilhar fontes, justificaram a sua indignação sobre as condições do trabalho universitário no nosso país. E foi, assim, que nos anos oitenta, na Universidade dos Açores, estando também eu a preparar o meu doutoramento, conheci a Maria Baganha. Algumas trocas de impressões e informações que, no entanto, não alteraram grandemente a visível frustração da sua vinda à Região.

Ao longo dos anos fomos falando, em especial quando partilhávamos os mesmos Encontros Científicos. A Maria Baganha era então a historiadora e cientista

---

* Professora Catedrática, Universidade dos Açores, Centro de Estudos Sociais.

social que trabalhava com maior proximidade metodológica e técnica do grupo, restrito, dos demógrafos em Portugal. No relacionamento com a Maria Baganha, e desculpem esta nota mais pessoal, não posso deixar de realçar a nossa ida a S. Paulo e Baía, em 2000, integradas num grupo de representantes de docentes de todas as universidades portuguesas. Aí, com maior proximidade, além das qualidades estritamente académicas que já conhecia, pude apreciar e beneficiar da sua cultura, boa disposição e enorme alegria de viver. Jamais esquecerei aqueles dias.

Mas, como dizia inicialmente, a Maria Ioannis Baganha é uma referência incontornável no conhecimento da emigração portuguesa e, consequentemente, açoriana para os Estados Unidos. Na síntese que escreve na obra de homenagem a Miriam Halpern Pereira, julgo que num dos seus últimos escritos, afirma: *"A emigração portuguesa para os Estados Unidos foi inicialmente incentivada pelas necessidades das frotas mercante e baleeira da Nova Inglaterra, que, desde o final do século XVIII, atracavam no porto do Faial para procurar víveres e recrutar novos membros para a tripulação, e foi reforçada pelo estabelecimento de casas mercantis norte-americanas nessa mesma ilha dos Açores."* (Baganha; 2009: 412, 413).

Assim, Maria Baganha aponta a especificidade do arquipélago, e de algumas das suas ilhas, no contexto dos rumos da emigração portuguesa, uma vez que o destino açoriano se desloca mais para norte, deixando paulatinamente as terras brasileiras para se ir fixando na América do Norte, no caso, os Estados Unidos, contrariamente ao que então acontecia no continente português. Longe estava ainda o destino europeu dos portugueses continentais, que saíram em número considerável na segunda metade do século XX, fluxo que nos últimos anos tem vindo a aumentar com uma intensidade não imaginável há bem pouco tempo atrás.

A mudança açoriana do destino brasileiro tem, como foi afirmado, o seu início no Faial e em outras ilhas do grupo central, pois que àquela ilha se vão juntando igualmente o Pico ou S. Jorge abrangendo posteriormente as outras ilhas do ex-distrito de Angra e só mais tarde, na viragem para o século XX, as de S. Miguel e Santa Maria (João, 1991; Rocha, 2008). Esta calendarização diferenciada marca de forma indelével o futuro do arquipélago, como a seguir sublinharemos.

Mais à frente, no mesmo artigo, em jeito de síntese, Maria Baganha afirma: *"O estabelecimento de uma rede migratória entre a Califórnia e os Açores parece ter sido um sistema de informação "informal" eficiente e capaz de sustentar um mercado de trabalho estabelecido em ambos os lados do Atlântico. No Massachusetts, a rede migratória oferecia apoio logístico e cultural, reduzindo substancialmente os custos de deslocação para os recém--chegados"* (Baganha; 2009: 415).

Estas duas afirmações englobam, em nosso entender, dois aspectos de grande centralidade no conhecimento da emigração dos Açores para os Estados Unidos e da importância das Comunidades Euro-Atlânticas e vem, ainda, ao encontro da nossa interpretação sobre a dinâmica populacional dos Açores e o papel que a emigração nela desempenha. Se estes aspectos explicitam o passado, não deixam de fundamentar a sua continuidade, ajudando-nos ainda a compreender a situação actual. Isto é, elas relevam não só a origem regional dos emigrantes, os seus destinos mais específicos na construção daquele país, mas também as condições de manutenção dos fluxos emigratórios e o papel que as redes sociais tiveram na continuidade da corrente emigratória e, consequentemente, no evoluir da sociedade açoriana.

Tivemos já a oportunidade de, em diversos momentos, sublinhar o nosso entendimento sobre as consequências que a emigração teve na dinâmica demográfica da Região, em especial nos finais do século XIX e ao longo do século XX. Ou seja, o nosso trabalho fundamental tem-se centrado sobre os Açores, a sua população e não sobre os emigrantes nas regiões de destino da nossa emigração. Mais concretamente, e ainda que com fundamentação indirecta, sustentamos a ideia de que a diversidade na evolução demográfica das várias ilhas agudiza-se a partir da emigração que teve lugar em meados do século XIX, precisamente aquela que tem como destino os EUA.

Iniciada nas ilhas já anteriormente referidas, por uma população jovem e essencialmente masculina, as saídas desequilibram não só a estrutura etária, mas também a de género, de que resultou uma diminuição da nupcialidade, com consequências nos níveis da natalidade, que nessas ilhas é bastante menor, sendo um exemplo, que cremos elucidativo, da interligação das variáveis responsáveis pela dinâmica demográfica. Parece-nos, pois, ser esta a justificação para se perceber um relativo envelhecimento na base naquelas ilhas, resultante da diminuição dos nascimentos numa época e sociedade na qual a contracepção estava praticamente ausente e não pode ser responsabilizada pelo declínio da fecundidade, como acontece nos nossos dias.

Se hoje o envelhecimento demográfico é uma das características centrais do panorama populacional do mundo desenvolvido, cujas consequências em vários campos da vida social lhe deram a visibilidade e, por vezes, até o dramatismo que hoje conhecemos, e que a comunicação social dá cada vez mais conta, tal não acontecia naquela época. Então o envelhecimento estava normalmente ausente de uma dinâmica demográfica em grande parte sustentada por um movimento natural positivo, abalado de quando em vez por esporádicas crises de mortalidade ou então, como cremos ser o caso dos Açores, pela interferência do fenómeno emigratório. Se no primeiro caso, dependente em grande parte do movimento natural, o impacto atingia o volume da população, o mesmo não se observava, pelo menos de forma acentuada, na estrutura etária ou de género, como acontece quando a mobilidade interfere nas restantes variáveis demográficas.

Mas foi isso que verificámos em algumas ilhas dos Açores nos finais do século XIX e princípios do século XX, nas quais a relação entre o número de homens e mulheres em idade activa jovem nos surge bastante desequilibrada, sendo elas em muito maior número do que eles. Afectada a possibilidade do casamento, numa sociedade em que este fenómeno é o primeiro passo para a instituição base na qual a natalidade se realizava, torna-se compreensível a diminuição dos nascimentos. Assim nos encontramos perante a génese, bem precoce, do maior envelhecimento demográfico de algumas ilhas, justificado pela própria dinâmica demográfica e não por mudanças sociais relevantes como as que mais tarde caracterizam a moderna contemporaneidade, ou seja, as que justificam a diminuição da fecundidade dependente de uma alteração de valores e práticas sociais.

À medida que nos aproximamos do princípio do século passado, quando se generaliza a todas as ilhas o destino norte-americano, a emigração não só se intensifica como passa a englobar a generalidade do grupo doméstico. Emigram, então, não só os adultos e jovens do sexo masculino, mas também, e cada vez mais, as mulheres e crianças quer partem em conjunto ou com um desfasamento temporalmente reduzido. Esta característica familiar, que diferencia de forma significativa a emigração açoriana da do continente português, influencia o volume populacional das várias ilhas, que registam um decréscimo não negligenciável, mas dão também origem a um rejuvenescimento relativo na base da pirâmide de idades. O desequilíbrio de género vai diminuindo e até pouco se fez sentir em algumas ilhas, como S. Miguel, que iniciam mais tardiamente o destino norte-americano.

Dada a longa duração dos fenómenos demográficos, entendemos, assim, que a emigração para os EUA e a forma diferenciada como ela se processou entre as várias ilhas foi determinante para a dinâmica acima explicitada e em grande parte responsável pelo envelhecimento precoce de algumas ilhas, contribuindo decisivamente para a enorme diversidade populacional observada no arquipélago ao longo de quase todo o século XX. Justificam-na, assim, a particularidade histórica das ilhas e das suas redes de proximidade e vizinhança que da terra natal se prolongam nas zonas de acolhimento do outro lado do Atlântico.

De modo menos relevante, ou seja, com menor preponderância numérica, observamos ainda a entrada de população adulta mais velha ou mesmo idosa, também distinta entre as ilhas, registada nos anos trinta do século passado, a qual deveria corresponder a um regresso às suas terras de origem de emigrantes açorianos vindos dos EUA, vítimas do desemprego e da situação de depressão económica que então se vivia naquele país. Pareceu-nos desde logo admissível esta explicação uma vez que as dificuldades daí decorrentes afectam preponderantemente os menos jovens, com menores possibilidades de resolução e alteração das suas vidas profissionais. Não conhecíamos, nem conhecemos, de resto, outras razões que justifiquem a entrada de adultos mais velhos em algumas ilhas naqueles anos. Mais tarde, em trabalho de Susana Serpa Silva, confirmamos que é a própria comunicação social a dar conta da situação de pobreza e fome com que alguns açorianos viviam então naquele país, o que os obrigava a regressar às suas ilhas de partida (Silva, 2002). Recentemente vimos também a sua confirmação na imprensa micaelense, em trabalho realizado em conjunto com Eduardo Ferreira, (Rocha e Ferreira, 2009).

Claro que as explicações de natureza demográfica anteriormente referidas devem ser aprofundadas por outras fontes, como é exemplo a imprensa, como também por estudos ou dados específicos sobre o volume da emigração, do regresso e das características dos emigrantes e dos regressados, isto é, uma análise directa da informação estatística do fenómeno e não apenas da sua inferência pelas características demográficas, que foram o objecto do nosso estudo.

Se é certo que a qualidade dos dados sobre a emigração existentes nos arquivos regionais não são totalmente fiáveis, dado o elevado número de clandestinos, que já têm sido objecto de estudo e de estimativas (Chapin, 1981), e obrigam a um trabalho de investigação de grande envergadura e relativa complexidade na sua identificação e tratamento, não deixam de ter uma grande importância na confirmação ou precisão dos resultados a que chegamos na nossa investigação. De igual modo, torna-se imprescindível a análise das fontes e da informação dos EUA para um período relativamente alargado, que propiciem estudos aprofundados, como fez Maria Baganha para os finais do século XIX e princípios de XX.

De resto, também os dados que trabalhamos e que sustentam a nossa interpretação, requerem alguns cuidados de análise, pois a sua qualidade é susceptível de erros, bem frequentes nos finais de oitocentos e até meados de novecentos. Os próprios indicadores de suporte também podem ser afectados pela pequena dimensão dos quantitativos em presença, quer se trate de variáveis demográficas, como do conjunto da população e a sua estrutura por idade e sexo nas diferentes ilhas.

Como sempre acontece, estes são passos que foram e continuam a ser dados numa investigação sempre inacabada e a necessitar de ser confirmada com novos dados que possibilitem um aprofundamento da análise ou até a sua re-interpretação. Será vantajoso que às perspectivas demográficas, de fontes diversificadas, se juntem outras informações, com base em outra documentação, da qual se releva a legislação, as tomadas de posição política e opinião existente na comunicação social, além da feitura de inquéritos específicos a populações possuidoras de conhecimento e vivência da emigração. E isto tanto no que respeita à sociedade de origem, que é o nosso enfoque, como nas sociedades de acolhimento.

No que respeita à importância das redes sociais, anteriormente sublinhadas pelas palavras de Maria Baganha, estas devem ser consideradas como determinantes para as alterações verificadas nas características da emigração do arquipélago naquela época. Não só para a diminuição das saídas preponderantemente masculinas, em parte clandestinas, e passagem para deslocações de tipo familiar, legais, como também para a intensidade do fenómeno.

Independentemente do conhecimento que hoje já temos e que pode e deve ser aprofundado sobre a vivência dos açorianos, designadamente sobre alguns dos que emigraram desde os anos sessenta do século passado e do apoio que tiveram à chegada ao país de destino (Medeiros, 2003; 2004), cremos que é fundamental o alargamento deste conhecimento, não só a períodos anteriores, como o faz Maria Baganha, como mesmo nos anos mais recentes. Algumas informações são já conhecidas principalmente como resultado de algumas abordagens ao estudo do fenómeno do regresso voluntário e da deportação, que estão a ser aprofundados no âmbito do CES-UA (Centro de Estudos Sociais da Universidade dos Açores) e do mestrado em Ciências Sociais da Universidade dos Açores e que se pretende desenvolver em ligação com universidades norte-americanas.

O regresso de emigrantes é, de resto, uma realidade relativamente recente, se exceptuarmos a situação anteriormente referida respeitante aos anos trinta do século passado. Ainda que o universo que estamos a analisar possa não corresponder à totalidade dos que optam por se fixar definitivamente na terra de origem, e ainda mais daqueles que a partilham com a de acolhimento, cremos que o seu volume permite uma análise fiável das suas principais características, designadamente na situação de partida. Verificamos, com efeito, que ela é representativa das variações que a importância relativa de tais países, enquanto receptores dos fluxos açorianos, conheceu ao longo de quase seis décadas. Assim, o peso dos EUA é quase sempre preponderante em relação ao do Canadá, com excepção da década de cinquenta e da primeira parte da de sessenta, em que os dois países assumem proporções semelhantes em termos de captação de emigrantes açorianos, e com excepção, igualmente, das últimas duas décadas do século XX, cujo principal destino foi o arquipélago das Bermudas. Para cerca de 80,0% dos inquiridos, a existência de familiares emigrados, quer nos EUA quer no Canadá, constituiu o principal factor determinante na escolha do território de acolhimento. A repartição dos respondentes por cada um dos sexos é muito semelhante entre ambos, o que confirma o carácter familiar que a emigração açoriana teve durante a segunda metade do último século, sobretudo a partir de 1965. Em todo o caso, e relativamente aos que emigraram antes dessa data, o peso dos homens entre os regressados faz-se sentir mais do que o das mulheres, ocorrendo o mesmo dentro do conjunto daqueles que emigraram mais recentemente (em particular, a partir de 2000) com destino às Bermudas. Quase 70,0% dos inquiridos partiram dos Açores já casados, sendo que a maior parte dos casos que o fizeram na situação de solteiro respeita, sobretudo, à década de cinquenta. Porém, uma percentagem muito semelhante à anterior deu início ao seu processo emigratório de forma individual, o que comprova que muitos dos que, nos Açores, já tinham uma família formada, emigraram sós, tendo a ida do cônjuge e dos filhos (que, na maior parte dos casos, já existiam) ocorrido a *posteriori*. Para os que saíram acompanhados, as situações em que partiram com o cônjuge e os filhos é preponderante, assumindo menor importância a ida de outros elementos do grupo familiar, como, por exemplo, ascendentes ou colaterais. Mais de 2/3 dos emigrantes regressados saíram do Arquipélago na situação de activos empregados, sendo ínfima a percentagem dos que, na altura, se encontravam desempregados. As actividades e profissões a que se dedicavam antes de partirem concentravam-se maioritariamente (em mais de 50,0% dos casos) no ramo da Agricultura e Pescas, sendo ainda significativa a sua presença nos subsectores da Construção, do Comércio e Reparação de Veículos e da Indústria. Apesar da elevada percentagem de emigrantes empregados no momento anterior à partida, o motivo principal que é invocado como tendo estado na base da decisão de emigrar prende-se com as dificuldades económicas sentidas na altura e com o desejo de melhorarem a sua vida pessoal e familiar. Mais de 70,0% dos inquiridos saíram dos Açores através de uma *carta de chamada*, dizendo isto respeito, quase exclusivamente, ao grosso da emigração para os Estados Unidos e o Canadá.

O desconhecimento da língua foi considerado o maior entrave referido à chegada, sendo a família o suporte principal, surgindo maioritária em todos os aspectos, com excepção no contacto formal com as instituições, onde prevalecem os amigos anteriormente emigrados, porventura com um conhecimento mais efectivo da sociedade e dos seus representantes.

A aplicação da teorização respeitante às redes sociais no conhecimento da emigração açoriana merece, assim, uma atenção particular, não só na intensificação dos fluxos, mas também na afirmação das comunidades euro-atlânticas, que cremos que deve ser aprofundada até aos nossos dias. Não deveremos igualmente deixar de avaliar a repercussão que este fenómeno teve no arquipélago e em cada uma das ilhas, quer se releve a possibilidade de abertura ao exterior – numa época de grande fechamento nacional como a que se verificou em grande parte do século XX –, quer a sua importância para a economia das famílias e das sociedades das várias ilhas ou ainda em manifestações sócio-culturais já consolidadas em ambos os lados do Atlântico. Com efeito, desde cedo, e citando uma vez mais Susana Serpa Silva *"... os emigrantes foram interiorizando novos costumes, adoptando outros hábitos de consumo e de vida quotidiana...em tudo distintos daquilo que a terra natal lhe proporcionava. Se o emigrante regressava trazia "patacas no baú", gravata escarlate, relógio e cadeia no colete e logo empregava as economias na compra de terras e casas que decorava segundo os modelos estrangeiros. E veja-se quanto furor faziam entre os insulares"* (Silva, 2002:356). Mais à frente a mesma autora explicita *"Independentemente do possível insucesso, os emigrantes simbolizavam uma mais valia para os povos insulares*" (Silva, 2002:359). Mais valia económica e financeira, mas também de valores e mentalidades.

Se a percepção e aprofundamento do transnacionalismo actual se apresenta de grande acuidade, incentivado que foi pelas alterações políticas, nacionais e regionais, pelo desenvolvimento económico e a mobilidade que caracteriza os nossos dias, as relações estabelecidas no passado entre os EUA e a Região são fundamentais, tanto para a compreensão das comunidades açorianas naquele país, como para o conhecimento do que é ainda hoje a sociedade açoriana.

Um dos aspectos, ou uma linha de investigação, pode ser a percepção sobre a população e a emigração na sociedade de origem. Quando começamos a deixar de trabalhar uma visão estritamente demográfica, iniciando uma interpretação sobre este tema no passado, integrada no campo mais histórico e sociológico, atendemos inicialmente a afirmações de alguns responsáveis políticos e da elite regional (Rocha, 2001). Fizemo-lo sem uma análise dos respectivos conteúdos discursivos, mas apenas de sinalização das diferenças observadas ao longo de quase um século – finais de oitocentos a finais de novecentos – que, se não podem ser dissociadas dos contextos sociais das respectivas épocas, também se mostram reveladoras de posicionamentos políticos e ideológicos distintos.

É assim que de forma relativamente clara e consistente nos aparece o pensamento preponderantemente vigente durante o Estado Novo, ou por este defendido, no qual a emigração apresenta benefícios, tanto de natureza económica, como de descompressão social, apontando-se, todavia, as desvantagens decorrentes do afastamento dos valores nacionais e alterações no modo de vida, facto que é particularmente assinalado no que respeita à sociedade norte-americana. Com efeito, quer o Brasil autoritário e, principalmente, as colónias são destinos considerados mais adequados à ligação ao país de origem, como pudemos também confirmar na análise de alguma imprensa da época em trabalho com Eduardo Ferreira (Rocha e Ferreira, 2009).

No entanto, há quem, como Armando Cândido, imbuído dos mesmos valores, sublinhe as vantagens da emigração face aos destinos em território nacional, em especial no que respeita à balança comercial: *"...as conveniências económicas, traduzidas no somatório, em dinheiro, que o emigrante amealha e remete ou traz para a Mãe-Pátria, e no volume, em comércio, que ele desperta e anima, continuando a pedir os produtos nacionais e dando conhecimento desses produtos no meio em que passou a viver".* (Cândido, 1952:135)

Mais recentemente, e em conjunto com outros colegas, num eixo de investigação que gostaríamos de ver desenvolvido no CES-UA, em termos interdisciplinares, temos procurado uma abordagem diacronicamente alargada da percepção da emigração mais centrada na imprensa, especificamente na da ilha de S. Miguel. Procuramos na visibilidade dada pela comunicação social a compreensão de algumas das referidas diferenças políticas e sociais que afectaram e afectam a percepção e o relacionamento com os emigrantes. Trata-se não só da relevância dada à problemática populacional e emigratória, como as preocupações que veiculam, em articulação com a intensidade do fenómeno que regista, como sabemos, tendências e intensidades muito distintas ao longo de todo o século XX. Se do que nos foi já dado observar, assistimos, por um lado, a uma relação entre os factos e as preocupações que são explicitadas, por outro, são também visíveis as alterações no entendimento da mobilidade, dos emigrantes e dos respectivos papeis nas sociedades de origem e de acolhimento.

A necessidade de saída e seus benefícios económicos e sociais, associados com a manutenção da vivência de uma portugalidade nacionalista em território estrangeiro, saudosa da "mãe-pátria", bem visível no Estado Novo, ou a concepção de comunidade e de diáspora em período mais recente, com preocupações de integração nas sociedades de acolhimento mas com busca das raízes, são distinções que nem sempre são justificadas pelo volume da emigração e as características dos emigrantes. Relevam em grande parte de concepções políticas e ideológicas que enquadram o emigrante tanto como aquele que não partiu e cuja história e memória comum deve ser valorizada e aprofundada.

É neste sentido, que continuaremos a trabalhar, esperando que a perspectiva do país e da região de origem sirva os objectivos mais amplos do conhecimento da emigração, em especial a que no passado recente teve a América do Norte como o seu principal destino.

Bibliografia

BAGANHA, Maria Ioannis (2009), "Migração transatlântica: uma síntese histórica" in SERRÃO, José Vicente, PINHEIRO, Magda de Avelar, FERREIRA, Maria de Fátima Sá e Melo (org), *Desenvolvimento Económico e Mudança Social – Portugal nos últimos dois séculos*, Lisboa, ICS: 405-421.

BAGANHA, Maria Ioannis (1990), *Portuguese Emigration to the United States*, New York, Garland Publishing, Inc.

CÂNDIDO, Armando (1952), *O problema dos excedentes demográficos*, Lisboa, Imprensa Nacional.

CHAPIN, Francis White (1981), The tides of migration: a study of migration decision – making and social process in S. Miguel Azores, Michigan, University Microfilms International.

JOÃO, Maria Isabel (1991), Os Açores no Século XIX – Economia, Sociedade e Movimentos Autonomistas, Lisboa, Edição Cosmos.

MEDEIROS, Octávio H. R., MADEIRA, Artur Boavida (2003), *Emigração e Regresso no Concelho da Povoação*, Cadernos da Emigração – 1, Ponta Delgada, CES-UA/Câmara Municipal de Povoação.

MEDEIROS, Octávio H. R., MADEIRA, Artur Boavida (2004), *Emigração e Regresso no Concelho do Nordeste*, Cadernos da Emigração – 2, Ponta Delgada, CES-UA/Câmara Municipal do Nordeste.

ROCHA, Gilberta Pavão Nunes (1991), *Dinâmica Populacional dos Açores no Século XX: Unidade. Permanência. Diversidade*, Ponta Delgada, Universidade dos Açores.

ROCHA, Gilberta Pavão Nunes (1997), "O impacto das migrações na população dos Açores na segunda metade do séc.XX", in *História das Ilhas Atlânticas – Actas do IV Colóquio Internacional de História do Atlântico*, Vol. II, Funchal, Centro de Estudos de História do Atlântico/Secretaria Regional do Turismo e Cultura, Governo Regional da Madeira: 449-467.

ROCHA, Gilberta Pavão Nunes (2001), "A emigração nos Açores nos séculos XIX e XX – a necessidade, a solução, a valorização", in *Portos, Escalas e Ilhéus no Relacionamento entre o Ocidente e o Oriente, Actas do Congresso Internacional Comemorativo do Regresso de Vasco da Gama a Portugal*, Vol. II, Comissão Nacional para os Descobrimentos Portugueses/Universidade dos Açores: 75-89.

ROCHA, Gilberta Pavão Nunes (2008), "Crescimento da população e os novos destinos da Emigração – 1895-1976" in *História dos Açores*, Cap. V, Vol. II, Instituto Açoriano de Cultura: 265-305.

ROCHA, Gilberta Pavão Nunes, FERREIRA, Eduardo (2008), "População e circulação de pessoas" in *História dos Açores*, Cap. VI, Vol. II, Instituto Açoriano de Cultura: 581-610.

ROCHA, Gilberta Pavão Nunes, FERREIRA, Eduardo (2009), "Azorean emigration in the context of social change: some notes from the press in São Miguel (1920-1950)" in e-journal of Portuguese History, vol.7, nº 2, Winter 2009.

ROCHA, Gilberta Pavão Nunes, FERREIRA, Eduardo (2010), "A emigração açoriana na segunda metade do século XX: algumas perspectivas da imprensa micaelense" in *Actas do Colóquio A História da Imprensa e a Imprensa na História: o contributo dos Açores*: 183-201.

ROCHA, Gilberta Pavão Nunes, FERREIRA, Eduardo "A População Açoriana e a Diáspora – Factos e Contextos, 1930-2000" in *Narrando a Diáspora* (no prelo)

SILVA, Susana Serpa (2002), "Em busca de novos horizontes. Açores, emigração e aculturação nos finais do séc. XIX, inícios do séc. XX" in *Arquipélago História* 2ª Série, Vol. VI, Ponta Delgada, Universidade dos Açores: 347-360.

Um perfil dos luso-americanos "nascidos em Portugal": algumas condicionantes estruturais à transmissão e reprodução da cultura de origem

EDUARDO FERREIRA*

Introdução
Dificilmente a história das últimas grandes vagas da emigração açoriana ficará completa sem a chamada "história oral" da mesma, ou seja, sem a reconstituição de muitos dos factos que lhe estão associados, através de relatados informais, por parte de quem, directa ou indirectamente, vivenciou ou agenciou o fenómeno, e da subsequente análise crítica dessas narrativas. Como explica Connerton (1999 [1989]: 24), "a narrativa de uma vida faz parte de um conjunto de narrativas que se interligam, [encontrando-se, por isso,] incrustada na história dos grupos". Nesta medida, aquilo que é a memória individual – ou "autobiográfica", como alguns autores lhe preferem chamar – dos que, durante as últimas décadas, partiram do território português, em geral, e dos Açores, em particular, constitui um instrumento essencial para melhor se perceber o que foram as grandes correntes emigratórias da segunda metade do século XX, sobretudo em termos de possíveis padrões e singularidades.

Este é, como sabemos, um terreno privilegiado pela História, que envolve metodologias próprias de recolha e reconstituição dos factos e requer o domínio de técnicas hermenêuticas na descodificação e interpretação do discurso dos sujeitos. Num plano que não deixa de ser paralelo a este, interessa-nos, todavia, focar a atenção na transmissão das experiências e das memórias emigratórias, não

---
* Centro de Estudos Sociais da Universidade dos Açores.

entre as figuras do historiador e a do sujeito, mas antes entre diferentes gerações de luso-americanos, e, em particular, entre aqueles que foram protagonistas do processo emigratório e os outros que, apesar de não deixarem de ser o resultado deste, não passaram por essa experiência.

No panorama da investigação científica nacional, são recentes os trabalhos assumidamente centrados na problemática da transmissão intergeracional entre os emigrantes portugueses, radicados nos principais países de acolhimento, e as várias gerações de luso-descendentes (ver, por exemplo, Gherghel e Le Gall, 2009). Porventura, mercê da importância que, ao longo dos últimos anos, tem vindo a ser conferida às problemáticas da assimilação e do multiculturalismo, esses trabalhos têm-se pautado por um enfoque teórico e analítico que não deixando, muitas vezes, de comportar, de forma mais ou menos implícita, o aspecto da transmissão intergeracional, acaba por a diluir num conjunto mais amplo de outras questões. Sinal disto mesmo é o facto de que, como sabemos, tem existido uma clara tendência para esses estudos se centrarem na chamada "2.ª geração de imigrantes" e nos modos como esta se relaciona, por um lado, com a sociedade e a cultura dominantes, e, por outro, com a comunidade e o país de origem.

Além disso, quando se alude ou aprofunda o relacionamento dos luso-descendentes com a "comunidade portuguesa", recorre-se, normalmente, a dimensões de análise que se prendem, entre outros aspectos, com a aprendizagem em escolas portuguesas; com a recepção de informação e de conteúdos de entretenimento através dos *media* portugueses ou em língua portuguesa; com a participação em manifestações culturais e desportivas revestidas de uma tradição e simbologia portuguesas; ou, ainda, com formas de interacção que envolvam familiares, amigos, colegas e conhecidos portugueses ou de descendência portuguesa. A partir desta perspectiva, pode dizer-se que, em termos analíticos, se tem privilegiado um leque, bastante aberto, de canais de transmissão da cultura de origem, em detrimento de enfoques mais específicos, como, por exemplo, o que se refere ao contexto familiar e ao papel desempenhado, nesse processo, pela chamada "1.ª geração" (referimo-nos, sobretudo, a pais e avós desses luso-descendentes).

O presente texto visa a apresentação, de uma forma bastante exploratória e sucinta, do perfil sociodemográfico dos emigrantes portugueses residentes nos Estados Unidos da América, à luz daquela que foi a sua linha evolutiva entre 1990 e 2000. Em paralelo, pretende-se problematizar este perfil no que respeita ao papel que algumas das suas características desempenharão nos processos de transmissão da cultura de origem junto das gerações mais jovens. Por outras palavras, trata-se de colocar à discussão se as tendências evolutivas dos traços encontrados tenderão a actuar como factores de promoção, ou então de retraimento, dos processos em causa.

A análise efectuada para o efeito baseia-se em dados recolhidos dos *US Census* (1990 e 2000),[1] referentes, por um lado, à população que, em cada um destes momentos, declarou possuir origem portuguesa ("Portuguese Ancestry Population") e, por outro, ao grupo que, dentro desta, é formado pelos indivíduos nascidos em Portugal ("People Born in Portugal"). Esta segunda categoria é aquela que, em cada momento censitário, melhor traduz o número de imigrantes portugueses ("1.ª geração", portanto) residentes em território americano, desde que, no momento do seu nascimento, nenhum dos pais possuísse cidadania americana.[2] Uma das principais limitações relativas à subpopulação em causa, no âmbito de uma análise do género da que propomos aqui apresentar, prende-se com o facto de a mesma não surgir, nas estatísticas oficiais, repartida por idade de chegada ao país de acolhimento, o que invalida que possamos distinguir os indivíduos que emigraram com um percurso escolar ou profissional mais avançado dos outros que chegaram aos EUA no início da sua trajectória escolar.

Com o objectivo de destacar algumas das particularidades deste grupo, recorreu-se, ao longo de grande parte da análise, à sua comparação com o conjunto populacional mais alargado onde o mesmo se insere – a já referida categoria "Portuguese Ancestry Population". Esta acaba por incluir todos os indivíduos que, aquando do inquérito censitário, declararam possuir origem portuguesa, independentemente de terem nascido em Portugal ou em qualquer outro país (incluindo os Estados Unidos).[3] Por facilidade de expressão, podemos dizer que este conjunto é formado pelo grupo mais específico dos imigrantes portugueses da "1.ª geração" ("People Born in Portugal") e por uma larga fatia daqueles que afirmam descender de portugueses, os quais, nalguns casos, são luso-descendentes da 2.ª e 3.ª geração, e, noutros, indivíduos que reclamam essa ligação, mas sem que tenhamos a garantia de que ela é assim tão evidente ou até efectiva.

---

[1] Este tipo de análise, ainda que recorrente (ver, por exemplo, Chiswick *et al.*, 2005; Bleakley e Chin, 2008), não deixa de ser bastante parcial e condicionada pelo facto de se basear unicamente em dados estatísticos reportados pelos próprios indivíduos inquiridos. A aplicação de metodologias complementares a esta permitiriam contornar, em grande medida, estas limitações.

[2] Um indivíduo, ainda que nascido em território português, mas com pai e/ou mãe americana, é classificado, em termos estatísticos, como "Native", a categoria complementar à de "People Born in Portugal", e que, no conjunto, formam o grupo "Portuguese Ancestry Population".

[3] Trata-se de uma categoria criada a partir do conceito de *ancestry* e que deriva da resposta dada pelos inquiridos em relação ao grupo (ou grupos) de que descendem. Segundo as entidades americanas (*US Census Bureau*), a maioria dos respondentes aponta para mais do que uma pertença, ainda que lhes confiram uma ordem de importância distinta entre si. Na presente análise, contabilizámos todos aqueles indivíduos que responderam possuir origem portuguesa, independentemente de vir associada a outras ascendências ou do modo como a ela se referiram (e.g. *portuguese-american*, *portuguese*, *azorean*, etc.).

A "1.ª geração" e os processos de transmissão intergeracional

As considerações tecidas em torno deste aspecto baseiam-se no pressuposto teórico de que os imigrantes da "1.ª geração" assumem uma posição privilegiada, dentro do contexto familiar onde se inserem, enquanto agentes transmissores de um vasto conjunto de traços e formas da sua cultura de proveniência (Isajiw, 1990; Hagan *et al.* 1996; Portes e MacLeod, 1999). Esta forma específica de capital cultural, de que o grupo em causa se faz valer, para além de resultar, muitas vezes, de uma trajectória de vida feita no país de origem, tende a ser alimentada, ainda, por práticas, comuns e regulares, de manutenção dos laços com a realidade social e cultural desses territórios (leitura de jornais e recepção de conteúdos televisivos ou radiofónicos na língua materna, visitas ao país e à região de partida, participação política, etc.).

Por outro lado, o baixo grau de integração social e cultural que costuma caracterizar alguns grupos de imigrantes da "1.ª geração"[4] e a consequente circunscrição da maioria das suas interacções ao ambiente comunitário e familiar pode também ser entendido como um factor capaz de favorecer a transmissão, dentro do mesmo grupo étnico, de traços e comportamentos das gerações mais velhas para as mais novas.

Como bem demonstram Bleakley e Chin (2008), a transmissão e a consequente reprodução intergeracional desses elementos não dependem apenas do grau de abertura ou dos obstáculos apresentados pelos grupos mais jovens e, normalmente, menos enraizados na cultura de origem. Para além deste factor, e da possibilidade de as qualidades étnicas do grupo em questão poderem condicionar, igualmente, o contacto intergeracional – por via do maior ou menor fechamento do mesmo ao meio envolvente (Borjas, 1992, 1995; Rooth e Ekberg, 2003) –, o processo de transmissão cultural depende, em grande medida, de vários elementos específicos da "1.ª geração".

O seu perfil é, assim, um aspecto importante a ter em conta neste contexto. Sabe-se, por exemplo, que em processos desta natureza, as mulheres imigrantes tendem a assumir um protagonismo maior do que o dos homens, sobretudo quando passam mais tempo em casa com os filhos (ou netos) e apresentam baixos níveis de instrução (Bengtson *et al.*, 2002; Curie e Moretti, 2003). A componente educacional, quer se refira a homens ou a mulheres, constitui, de resto, outra das variáveis centrais quando se equaciona a ocorrência e a qualidade dos processos de transmissão intergeracional. A posse de um nível de instrução baixo, por parte dos membros mais velhos do agregado familiar, contribui, significativamente, para que os quadros culturais de referência prevalecentes, bem como os respectivos universos simbólicos, continuem a ser os da sociedade de partida (Bauer

---

[4] Para o caso português, veja-se, por exemplo, Oliveira e Teixeira, 2004.

e Riphahn, 2004). Por via disto, e de uma continuada resistência à assimilação dos traços inerentes ao meio de acolhimento, aumenta o potencial destes educadores e cuidadores enquanto pólos transmissores da cultura de origem, sendo certo que a língua é, por norma, a dimensão que mais se destaca dentro deste quadro.

Directamente relacionado com o nível de instrução, está, muitas vezes, o perfil socioprofissional desses imigrantes, o qual, quanto mais associado ao desempenho de tarefas que envolvam um baixo grau de interacção com indivíduos e elementos de uma cultura diferente da de origem, acaba, igualmente, por comprometer os processos de assimilação e de aculturação a que o próprio imigrante está sujeito. Nesta medida, o grau de retenção da cultura de origem dentro do grupo familiar tende a aumentar, com consequências directas para os processos de transmissão intergeracional que aí se processam.

A importância de variáveis como o sexo e, sobretudo, a idade, na análise do papel emissor desempenhado pelos imigrantes da "1.ª geração", passa, quase sempre, pela condição destes indivíduos perante a actividade e o trabalho. No caso das mulheres, a manutenção, por tempo prolongado, da situação de "domésticas" após a chegada aos países de destino (algo que, de resto, acontecia com alguma frequência em contextos migratórios do passado e dentro de determinados grupos de imigrantes) pode ser entendida, muitas vezes, como sinónimo de uma maior disponibilidade para transmitir às gerações mais novas, de filhos ou mesmo de netos, um conjunto de características e de comportamentos relativos às referências de partida. O mesmo se poderá dizer, por exemplo, sobre aqueles imigrantes que, ao saírem da vida activa, assumem o papel (ainda que a tempo parcial) de cuidadores/educadores de alguns dos elementos mais novos da família (netos, sobrinhos, etc.), ou até mesmo de outros que a eles se encontram ligados por relações de vizinhança ou de amizade. Também na maior parte destes casos os processos de transmissão intergeracional tendem a intensificar-se e a reger-se por parâmetros distintos dos dominantes (Giarusso *et al.*, 1996).

A maior ou menor presença da língua de origem dentro dos núcleos familiares compostos por diferentes gerações de imigrantes acaba por estar associada, ainda que indirectamente, a quase todas estas variáveis. A par de um número significativo de outros factores,[5] a escolha da principal língua utilizada entre os membros do mesmo agregado depende, quase sempre, do facto de este ser composto, ou não, por pessoas mais velhas (imigrantes da "1.ª geração") com um fraco domínio

---

[5] Entre estes factores, contam-se, entre outros, o momento do ciclo de vida em que os elementos mais novos começaram a contactar, de forma mais intensa, com a língua do país de acolhimento; a idade dos pais quando emigraram; o contexto étnico e social de residência, com implicações directas na existência, ou não, de redes fechadas que dificultem um contacto permanente com a língua de adopção, etc. (Casey e Dustmann, 2007)

da língua de acolhimento, aspecto este indissociável, como sabemos, do seu próprio perfil (Bleakley e Chin 2008).

Se a primazia da língua materna nos núcleos familiares de imigrantes deve ser entendida, em primeiro lugar, como uma das principais formas de manifestação dos processos de transmissão cultural que aí têm lugar, por outro lado não pode deixar de ser encarada como uma condição e um recurso de primeira ordem necessários à conservação desses mesmos processos ao longo do tempo. Uma diminuição do recurso à língua de origem dentro destes contextos familiares apresenta-se como uma ameaça à manutenção da transmissão da memória e de elementos culturais entre diferentes gerações.

Complementarmente a todos os aspectos atrás mencionados, e como sublinha Nauck (2001: 159), "os processos de transmissão intergeracional, decorrentes em contexto imigratório, constituem um dos mais importantes mecanismos de continuidade cultural, tornando-se, assim, responsáveis pelos níveis quer de contactos interculturais quer de identificação étnica apresentados pela "2.ª geração" de adolescentes". A facilidade com que os sentimentos de discriminação são transmitidos entre gerações de imigrantes; a influência que o capital cultural dos pais exerce sobre o nível de retenção da linguagem de origem no seio familiar; o contributo do sentido de pertença étnica dos pais para o alargamento ou fechamento das redes de interconhecimento dos filhos são exemplos de relações que têm vindo a ser tidas em conta em estudos sobre a assimilação e a aculturação de diferentes gerações de imigrantes pertencentes ao mesmo grupo familiar (Borjas, 1992; Bauer e Riphalan, 2004; Nauck, 2001, 2006).

A transmissão intergeracional, para além da sua componente estritamente cultural, é vista assim como um processo capaz de condicionar o posicionamento estrutural e social dos indivíduos na sociedade onde se inserem. Deste modo, trazer à discussão o papel que, neste âmbito, poderá ser esperado da "1.ª geração" de imigrantes, através de uma análise (ainda que exploratória) das potencialidades e vulnerabilidades associadas a algumas das suas características, acaba por remeter-nos, no limite, para o grau de sucesso da própria integração das gerações mais jovens na sociedade que acolheu os seus pais e avós.

Evolução e características sociodemográficas dos luso-americanos "nascidos em Portugal"

Quando desdobrada nas suas duas principais categorias, a população residente nos Estados Unidos com ascendência portuguesa declarada revelou uma evolução, durante as últimas duas décadas do século XX, ajustada àquela que vinha a ser a tendência dos fluxos emigratórios açorianos (Gráfico 1). A diminuição das saídas, a partir de meados dos anos 70, e a sua posterior estagnação a níveis bastante baixos, durante a década seguinte, acabou por ter um reflexo directo no volume da subpopulação dos indivíduos "nascidos em Portugal". Assim, se até 1990 ainda se observa o aumento (ainda que bastante moderado) do número destes efectivos, a partir daí assistimos ao seu lento decréscimo, sendo que, em 2000, já existia menos 4% do total de indivíduos contabilizados dez anos antes. Por via disto, também o total da população com ascendência portuguesa declarada abrandou o seu crescimento a partir do final dos anos 80, ainda que o seu volume tenha continuado a crescer até 2000, tendência que, estamos em crer, ainda hoje se mantêm.

GRÁFICO 1 – Evolução da população residente nos EUA com origem portuguesa declarada ("Portuguese Ancestry Population"), 1980-2000

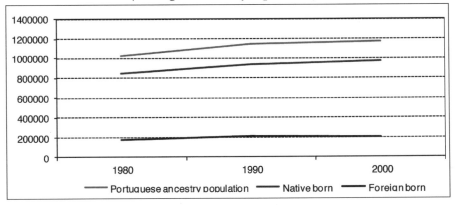

Fonte: *US Census*, 1980, 1990 e 2000.

Retomando o grupo específico dos indivíduos "nascidos em Portugal", e em linha com a sua evolução em termos absolutos, também o seu peso relativo, dentro do total dos emigrantes portugueses e seus descendentes, decresceu ao longo da última década do século passado. De acordo com o Censo de 2000, representavam apenas 11,8% deste conjunto mais alargado, valor que, segundo a mesma fonte, em 1990, ainda se situava nos 19%.

A ordem de grandeza dos quantitativos em causa, associada a esta perda de importância relativa, deve ser interpretada, em nossa opinião, como um sinal claro da necessidade de se atender, com alguma urgência, a estes *sujeitos da História* da emigração portuguesa (e açoriana) para os Estados Unidos, e, em particular, ao seu potencial de transmissão cultural junto das gerações mais novas. Com efeito, a última informação censitária disponível revelava que quase 70% das pessoas que compunham o grupo em questão ainda estavam ligadas a um passado emigratório anterior a 1980, ou seja, respeitante a um período muito singular da emigração portuguesa, em geral, e da emigração portuguesa para os Estados Unidos, em particular (Quadro 1).⁶ A maior parte destes indivíduos não só carrega consigo um valioso conhecimento (ainda que subjectivo) sobre a situação económica e social que motivou a grande vaga emigratória dos anos 60 e 70, como também é portadora de um conjunto diverso de experiências pós-chegada e de adaptação relativas a um país e a um tempo incontornáveis na história dessa mesma emigração.

QUADRO 1 – População residente nos EUA "nascida em Portugal" ("People born in Portugal") por período de chegada ao país de acolhimento, 1990 e 2000

	1990 N	1990 %	2000 N	2000 %
Total da subpopulação "nascida em Portugal"	210 122	100,0	203 120	100,0
Período de chegada aos EUA				
Antes de 1980	164 737	78.4	138 390	68.1
Entre 1980 e 1990	45 385	21.6	42 130	20.8
Entre 1990 e 2000	–	–	22 600	11.1

Fonte: *US Census*, 1990 e 2000.

Todavia, a evolução de algumas das características da população em análise indicia que urge iniciar um trabalho amplo e metódico de recolha e tratamento de tais testemunhos, assim como sugere que se comece a pensar em formas de pôr em prática ou de aumentar a eficácia dos processos de transmissão intergeracional entre os portugueses que emigraram e as suas gerações mais novas.⁷ A principiar pela variável idade, é possível observar, entre 1990 e 2000, o rápido envelhecimento deste grupo, com um aumento considerável do peso relativo das faixas superiores aos 35 anos e uma diminuição, bastante significativa, da importância das que se situam abaixo deste patamar etário (Gráfico 2).⁸ Durante esses dez anos, a idade média dos imigrantes "nascidos em Portugal" aumentou de 40,1 anos para 46,2 anos, enquanto a evolução verificada na população luso-americana em geral foi de 33,4 anos para 35 anos.

---

⁶ Este é um aspecto que deriva, directamente, do facto de a emigração açoriana para os Estados Unidos, durante o seu período áureo (1965-1975), ter sido composta por contingentes de efectivos com uma média de idades relativamente jovem (ver, por exemplo, Rocha, 2008; Rocha *et al.*, 2011).

⁷ Através, por exemplo, de iniciativas de âmbito inter-associativo ou político-associativo, envolvendo actores quer da sociedade de partida quer da de acolhimento, e desenvolvidas à escala comunitária.

⁸ Por via do fenómeno da sobremortalidade masculina, este envelhecimento foi acompanhado de uma diminuição do valor da Relação de Masculinidade: de 100, em 1990, para 95, em 2000.

GRÁFICO 2 – População residente nos EUA "nascida em Portugal" ("People born in Portugal"), por grupos de idade, 1990 e 2000 (%)

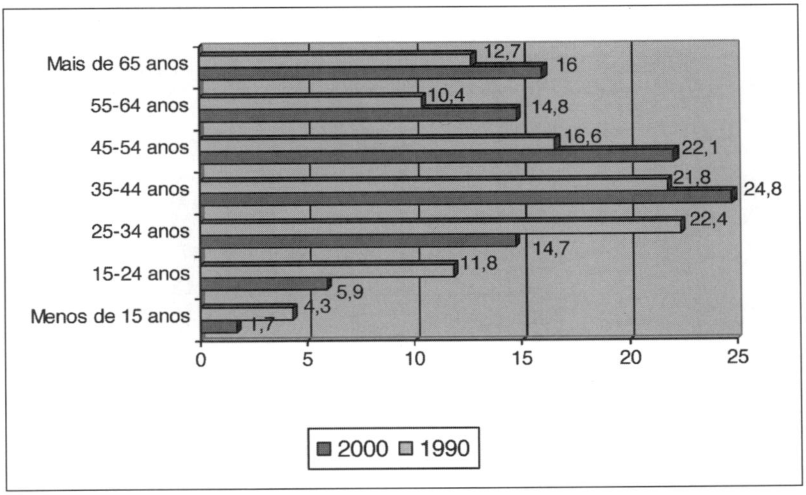

Grupo de idade	2000	1990
Mais de 65 anos	12,7	16
55-64 anos	10,4	14,8
45-54 anos	16,6	22,1
35-44 anos	21,8	24,8
25-34 anos	22,4	14,7
15-24 anos	11,8	5,9
Menos de 15 anos	1,7	4,3

Fonte: *US Census*, 1990 e 2000.

Relativamente ao nível de instrução médio do grupo que emigrou para os Estados Unidos, e tendo em conta uma parte do quadro teórico anteriormente exposto, podemos dizer que os valores observados no Gráfico 3 tenderão a favorecer os processos de transmissão intergeracional, sobretudo aqueles que têm lugar entre duas gerações não sucessivas, como é o caso, por exemplo, dos que se processam entre avós e netos. Como foi sublinhado, um baixo nível de escolaridade indicia e acaba por promover uma resistência à assimilação das componentes mais específicas da sociedade de acolhimento, contribuindo, simultaneamente, para a manutenção, dentro do contexto familiar, de grande parte dos traços e dos quadros de referência de origem. No presente caso, e segundo o nível de desagregação dos dados existente no Censo de 2000, verificamos que metade da população "nascida em Portugal" não tinha completado o "High School", o que, na prática, e a deduzir pelas categorias estatísticas disponíveis na mesma fonte dez anos antes, significará, para a maioria desses indivíduos, possuir uma frequência escolar de apenas quatro anos.[9]

---

[9] No Censo de 2000, e comparativamente ao anterior, a variável nível de instrução apresenta um menor nível de desagregação (três categorias apenas). Apenas a título de referência, em 1990, 33,6% dos luso-americanos "nascidos em Portugal" possuíam menos do que o 5.º ano de escolaridade.

GRÁFICO 3 – População residente nos EUA "nascida em Portugal" ("People born in Portugal"), com 25 e mais anos, por nível de instrução, 1990 e 2000 (%)

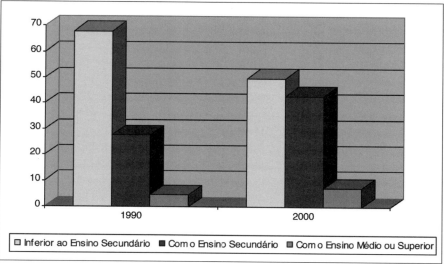

Fonte: *US Census*, 1990 e 2000.

Dentro deste conjunto menos instruído da população, concentrar-se-ão, de um modo geral, as pessoas de idade mais avançada, já que a melhoria relativa da variável em causa, observada entre 1990 e 2000, muito provavelmente terá ficado a dever-se a um avanço no percurso escolar das camadas mais jovens.[10] Como Oliveira e Teixeira (2004) sublinham em relação ao caso canadiano, mas que, certamente, se aplicará também à realidade da imigração portuguesa nos Estados Unidos, a "1.ª geração" é caracterizada, entre outros aspectos, pela manutenção do seu baixo nível de instrução, o qual, na esmagadora maioria dos casos, corresponde àquele que foi adquirido em Portugal.[11] Daí termos dito atrás que

---

[10] Sobretudo, estamos em crer, daqueles indivíduos que saíram de Portugal ainda bastante novos e que, no final da década de 90, estavam a finalizar ou tinham concluído o seu percurso escolar, como terá sido o caso dos que integraram os fluxos emigratórios mais recentes dos anos 80 e de 90. Como podemos observar através do Quadro 1, em 2000, ainda eram 30% os "nascidos em Portugal" que haviam chegado aos Estados Unidos depois de 1980. Em todo o caso, a importância relativa daqueles que, segundo o último Censo, possuíam um grau de ensino médio ou superior era extremamente baixa (7%), sendo, inclusive, bastante inferior ao valor homólogo apresentado pela totalidade da população de origem portuguesa ("Portuguese Ancestry Population") – 20%.

[11] Os autores em questão esclarecem que, mais do que a falta de oportunidade, o principal factor que explica o imobilismo a este nível encontra-se associado, por um lado, à percepção subjectiva, por parte desses imigrantes, de que não existem vantagens relativas na frequência e obtenção de

esta baixa escolaridade acaba por ser potenciadora e por privilegiar os processos de transmissão que envolvam directamente as gerações mais velhas, pois, devido a este factor, e apesar de, muitas vezes, serem longos os anos de fixação no país de acolhimento, a sua propensão para a reprodução dos quadros de referência de origem permanece elevada.

No que respeita a possíveis interferências quer da condição perante a actividade quer da ocupação dos imigrantes em análise sobre os processos de transmissão intergeracional que os envolvam enquanto actores directos, a evolução de alguns indicadores durante a última década do século passado indicia uma disponibilidade cada vez maior, por parte das mulheres, para conviver com as gerações mais novas. Com efeito, e apesar da maioria delas se encontrar ainda em situação de actividade, entre 1990 e 2000, a Taxa de Actividade deste grupo diminuiu de 62% para 54%, o que corresponde a uma variação mais acentuada do que aquela que se verificou em relação à totalidade dos activos "nascidos em Portugal" (homens e mulheres) – de 71,6% para 68,8% (Quadro 2).

QUADRO 2 – Percentagem de Activos na população residente nos EUA de origem portuguesa ("Portuguese Ancestry Population") e na subpopulação "nascida em Portugal ("People born in Portugal"), 1990 e 2000

	População de origem portuguesa (Portuguese Ancestry Population)		Subpopulação "nascida em Portugal" (People born in Portugal)	
	1990	2000	1990	2000
Percentagem de Activos (H+M) (16 e + anos)	69,2%	68,3%	71,6%	68,8%
Percentagem de Mulheres Activas (16 e + anos)	60,8%	64,0%	62,1%	54,2%

Fonte: *US Census*, 1990 e 2000.

Dentro do quadro de envelhecimento progressivo do conjunto em questão, a saída das mulheres da vida activa é um processo gradual e irreversível, contrastando, de forma bastante clara, com aquele que parece estar em marcha relativamente à globalidade da população feminina luso-americana, com uma estrutura etária mais jovem e níveis crescentes de incorporação no mercado de trabalho (de 61%, em 1990, para 64%, em 2000). Na prática, e dentro do contexto familiar, isto poderá significar, em muitos casos, a entrega de crianças e adolescentes, por parte de pais (casais) que estão a iniciar ou já se encontram dentro de um determinado percurso profissional, aos cuidados de avós, imigrantes

---

um grau de escolaridade superior àquele que já detêm, e, por outro, a uma representação social negativa acerca de quem estuda, sobretudo dentro do universo imigratório masculino (Cf. Oliveira e Teixeira, 2004: 45).

da "1.ª geração, que, gradualmente, vão regressando aos lares e (re)assumindo a condição de "domésticas" combinada com a de agentes de socialização e de inculturação dos mais novos.

A convivência diária, sob o mesmo tecto, entre diferentes gerações não foi, até há uma década, uma realidade rara nos agregados domésticos compostos por luso-americanos "nascidos em Portugal". As últimas duas operações censitárias apuraram que mais de 80% dos indivíduos assim classificados integravam agregados do tipo familiar, e que, em percentagens bastante significativas – 51%, em 1990, e 39%, em 2000 –, coabitavam com crianças e jovens com menos de 18 anos (Gráfico 4). Se juntarmos a isto o facto de que em cerca de 90% desses lares o português era utilizado como língua principal, ou mesmo como língua conjunta com o inglês (Gráfico 5), torna-se possível admitirmos a existência, a uma escala considerável, e até há bem pouco tempo, de contextos intergeracionais e relacionais privilegiados para a transmissão e reprodução de traços e comportamentos relativos à cultura de origem.

GRÁFICO 4 – População residente nos EUA "nascida em Portugal" ("People born in Portugal"), por tipo de agregado doméstico, 1990 e 2000 (%)

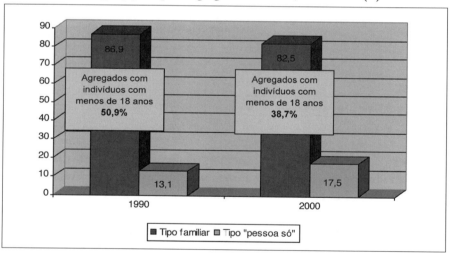

Fonte: *US Census*, 1990 e 2000.

Todavia, diversos factores levam a crer que este é um quadro que não se manterá por muito mais tempo. Como se pode deduzir da evolução patente no Gráfico 4, será cada vez menor a percentagem de agregados domésticos compostos por indivíduos com menos de 18 anos. A quase impossibilidade efectiva de renovação das gerações desta subpopulação específica (em virtude

GRÁFICO 5 – População residente nos EUA "nascida em Portugal" ("People born in Portugal"), segundo a língua utilizada no lar, 1990 e 2000 (%)

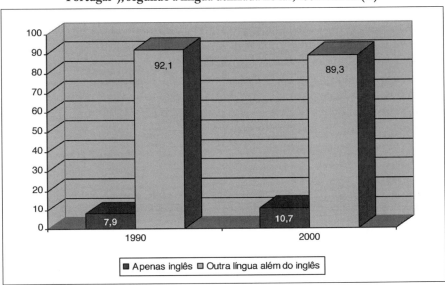

Fonte: *US Census*, 1990 e 2000.

da estagnação, a níveis bastante baixos, dos fluxos emigratórios portugueses para os EUA) é um facto, além de que, em 2000, apenas 23% das mulheres deste grupo tinham menos de 35 anos, ou seja, estavam dentro da faixa etária onde o nível de fertilidade costuma assumir os valores mais elevados. A coexistência, debaixo do mesmo tecto, de diferentes gerações de luso-americanos com origens geográficas e referentes culturais distintos, tornar-se-á, por isso, uma realidade cada vez menos observável, dando lugar à fragmentação, no tempo e no espaço, das oportunidades e dos processos de transmissão intergeracional que envolvam traços da cultura portuguesa.

Nota final

O papel dos luso-americanos "nascidos em Portugal", enquanto agentes de transmissão da cultura portuguesa e, simultaneamente, portadores de uma memória emigratória, encontra-se comprometido pelo envelhecimento e progressivo desaparecimento deste grupo. Algumas das suas características apresentadas há cerca de uma década ainda eram potenciadoras da ocorrência desses processos em meio familiar, sobretudo porque indiciavam um fechamento relativo aos padrões da sociedade de acolhimento e uma maior disponibilidade para o relacionamento familiar intergeracional. Porém, a população luso-americana, em geral, e as gerações mais jovens, em particular, apresentam níveis de instrução superiores aos dos seus pais e avós, ao mesmo tempo que estão cada vez mais integradas no mercado de trabalho. Este deve ser visto, em nossa opinião, como um dos principais factores de bloqueio a uma mais completa eficácia desses processos de transmissão intergeracional. A par disso, e não obstante esta e outras visões menos optimistas, a preservação do discurso da "1.ª geração" de imigrantes portugueses é um aspecto a atender com urgência. Conhecer o que resta deste grupo, o seu estado actual, o potencial que lhe está associado e durante quanto tempo sobreviverá para se levar a cabo o propósito referido é um trabalho que, em grande medida, ainda está por fazer.

Bibliografia

BAUER P. & RIPHAHN, R. T. (2004), "Heteregeneity in the Intergenerational Transmission of Educational Attainment: Evidence from Switzerland on Natives and Second Generation Immigrants", *IZA Papers*, DP No. 1354.

BENGTSON, V. L.; BIBLARZ, T. J.; ROBERTS, R. E. L. (2002), *How Families Still Matter. A Longitudinal Study of Youth in Two Generations*. Cambridge: Cambridge University Press.

BLEAKLEY, H. e CHIN, A. (2008), "What Holds Back the Second Generation? The Intergenerational Transmission of Language Human Capital Among Immigrants", *Journal of Human Resources*, 43: 267-298.

BORJAS, G. J. (1992), "Ethnic Capital and Intergenerational Mobility", *Quarterly Journal of Economics*, 107 (1): 123-150.

BORJAS, G. J. (1995), "Ethnicity, Neighborhoods, and Human-Capital Externalities", *American Economic Review*, 85 (3): 365-390.

CASEY, T. e DUSTMANN, C. (2007), "Intergenerational Transmission of Language Capital and Economic Outcomes", *IZA Papers*, DP No. 3074.

CHISWICK, B.; LEE, Y. L.; MILLER, P. (2005), "Parents and Children Talk: English Language Proficiency within Immigrant Families", *Review of the Economics of the Household*, 3 (3): 243-268.

CONNERTON, P. (1999), *Como as Sociedades Recordam*. Oeiras: Celta Editora.

CURRIE, J. e MORETTI, E. (2003), "Mother's Education and the Intergenerational Transmission of Human Capital", Quarterly Journal of Economics, 118 (4): 1495-1532.

GHERGHEL, A. e LE GALL, J. (2009), "Transnational Pratices of Care. The Azorean Migration in Quebec (Canada)". Discussion Paper (http://uac.academia.edu/anagherghel/Papers/141308/Transnational_Practices_of_Care._The_Azorean_Migration_in_Quebec).

GIARUSSO, R.; FENG, D.; WANG, Q.; SILVERSTEIN, M. (1996), "Parenting and Co-Parenting of Grandchildren: Effects on Grandparents' Well-being and Family Solidarity", *International Journal of Sociology and Social Policy*, 16: 124-154.

HAGAN, J.; MACMILLAN, R.; WHEATON, B. (1996), "New Kid in Town: Social Capital and the Life Course Effects of Family Migration on Children", *American Sociological Review*, 61: 368-385.

ISAJIW, W. W. (1990), "Ethnic-identity Retention", in W. W. Isajiw, W. E. Kalbach e J. G. Reitz (Eds.), *Ethnic Identity and Equality: Varieties of Experiences in a Canadian City*. Toronto: University of Toronto Press: 34-91.

NAUCK, B. (2006), "Perceived Discrimination, Social Support Networks and Psychological Well-being Among Three Immigrant Groups", *Journal of Cross-Cultural Psychology*, 37: 293-311.

OLIVEIRA, M. A. e TEIXEIRA, C. (2004), *Jovens Portugueses e Luso-Descendentes no Canadá. Trajectórias de Inserção em Espaços Multiculturais*. Oeiras: Celta Editora.

PORTES, A. e MACLEOD, D. (1999), "Educating the Second Generation: Determinants of Academic Achievement Among Children of Immigrants in the United States", *Journal of Ethnic and Migration Studies*, 25 (3): 373-396.

ROCHA, G. P. N. (2008), "O Crescimento da População e os Novos Destinos da Emigração", in A. T. de Matos, A. De F. de Meneses e J. G. R. Leite (Dirs.), *História dos Açores. Do Descobrimento ao Século XX* (Vol. II). Angrado Heroísmo: Instituto Açoriano de Cultura.Pp. 265-306.

ROCHA, G. P. N.; FERREIRA, E; MENDES, D. (2011), *Entre Dois Mundos: Emigração e Regresso aos Açores*. Ponta Delgada: Governo dos Açores.

ROOTH, D.-O. e EKBERG, J. (2003), "Unemployment and Earnings for Second Generation Immigrants in Sweden. Ethnic Background and Parent Composition", *Journal of Population Economics*, 16: 787-814.

A emigração do Faial para os Estados Unidos da América no século XIX – Uma interpretação

RICARDO MANUEL MADRUGA DA COSTA[*]

Introdução

A leitura do título que adoptámos poderá sugerir que vamos proceder a uma abordagem de carácter demográfico, num sentido estritamente técnico. Contudo, o que nos propomos fazer visa dar apenas uma visão histórica do fenómeno no que toca às saídas processadas pela ilha do Faial, tentando uma interpretação no que toca à sua cronologia. Esta opção dispensa-nos da tarefa de teorizar em torno de questões conceptuais nem sempre susceptíveis de uma formulação simples dada a complexidade dos aspectos envolvidos, como bem esclarece Gilberta Rocha na sua dissertação de doutoramento[1].

Será certamente consensual a ideia de que os fluxos emigratórios no decorrer do século XIX, de um modo geral, terão a motivação económica como factor justificativo, embora deva ter-se sempre presente o peso determinante dos factores psicológicos, sendo certo que a caracterização das migrações – e recorro de novo à mesma autora – requerem igualmente uma análise diferenciada quando as encaramos na vertente interna ou na vertente internacional[2]. No entanto, como afirma na sua dissertação, "a predominância dos aspectos económicos é evidente em todas as abordagens, mesmo quando criticadas na sua concepção restritiva"[3].

---

[*] Universidade dos Açores.
[1] Gilberta Pavão Nunes Rocha, *Dinâmica Populacional dos Açores no Século XX: Unidade. Permanência. Diversidade*, Ponta Delgada, Universidade dos Açores, 1991, pp. 209 e ss.
[2] Id., p. 211.
[3] Id., p. 214.

No caso dos Açores, como escreve Susana Goulart Costa, "o fenómeno da emigração parece fazer parte do código genético do açoriano"[4]. Afinal, uma outra forma de dizer que desde os primitivos tempos da colonização das ilhas açorianas, já nos séculos XV e XVI quando as solicitações da África e da Índia se fizeram sentir estimulando a busca de outras terras para angariar sustento e a demanda de paragens míticas que a lenda e o sonho ornamentaram de riquezas fabulosas, foi sempre uma característica presente no perfil das gentes que nos precederam[5].

Todavia, analisando a questão mais detalhadamente e ao arrepio da estrita análise demográfica, recusando, nomeadamente, razões simplistas que radicam na ideia dos excedentes populacionais num quadro agrícola avaro quanto aos recursos para a sua subsistência, as leituras possíveis mostram que o fenómeno comporta facetas distintas se tivermos em conta, separadamente, a perspectiva dos que emigram e a daqueles que promovem a emigração.

De igual interesse se apresenta a análise do fenómeno quando visto à luz do tempo histórico em que pode enquadrar-se e é este, no âmbito desta comunicação, um dos aspectos que nos interessa considerar de forma privilegiada.

Numa síntese esclarecedora quanto ao século XVIII, mas que vale igualmente para as primeiras duas décadas do século XIX, e tendo o Brasil por destino quase exclusivo da emigração açoriana, Paulo Lopes Matos e Paulo Silveira e Sousa[6] reafirmam a tese de Avelino de Freitas de Meneses[7] na qual se privilegiam as prioridades da coroa e a sua estratégia de consolidação das fronteiras do espaço brasileiro, como razões essenciais explicativas da épica emigração dos "casais" açorianos levados para a lonjura das terras mais distantes daquela colónia portuguesa. Mesmo quando a versão oficial fazia recair as motivações na pobreza mais ingente causada pela falta de pão ou na necessidade de escapar à miséria resultante das catástrofes que a natureza, a espaços, impunha ao povo destas ilhas. A verdade é que, como conclui Avelino de Freitas de Meneses no trabalho já citado, as razões estratégicas apontando para a consolidação de um projecto imperial, sobrepunham-se aos simples desígnios que a eventual urgência de realização de projectos pessoais de procura de melhoria de vida poderia explicar. Era, de facto,

---

[4] Susana Goulart Costa, *Açores: Nove Ilhas, uma história*, Angra do Heroísmo, Direcção Regional de Cultura, 2008, p. 199.

[5] Jorge Carvalho Arroteia, *A emigração portuguesa – suas origens e distribuição*, Lisboa, Instituto de Cultura Portuguesa, 1983, p. 15.

[6] Paulo Lopes Matos; Paulo Silveira e Sousa, "População e movimentos migratórios. A atracção do Brasil", in *História dos Açores. Do descobrimento ao século XX* (Dir. de Artur Teodoro de Matos; Avelino de Freitas de Meneses; José Guilherme Reis Leite), Angra do Heroísmo, Instituto Açoriano de Cultura, 2008, p. 536.

[7] Avelino de Freitas de Meneses, "Dos confins do Brasil. As motivações da colonização açoriana de Santa Catarina em meados de Setecentos", in *Ler História*, 39, 2000, pp. 115-140.

a questão Ultramarina que se impunha nas escolhas que, apenas aparentemente, resultavam de opções individuais[8].

Na transição do século XVIII para o XIX, por razões idênticas, ainda com a emigração açoriana centrada no destino brasileiro, vemos este fenómeno reeditado. É uma verdade insofismável que nas ilhas açorianas persistia um modelo de economia típico de Antigo Regime e no quotidiano das gentes, nomeadamente nas ilhas do Faial e Pico, permaneciam as dificuldades quanto ao sustento sempre incerto. Todavia, como tivemos oportunidade de expor em capítulo da nossa dissertação de doutoramento, sobretudo após a fixação da corte de Portugal no Brasil em 1808 em resultado da primeira invasão dos franceses, pode assistir-se a uma reafirmação da estratégia portuguesa quanto à expansão territorial, nomeadamente junto à fronteira do Prata[9]. Esta situação, apesar das fortes restrições impostas pela reforma de Sebastião José de Carvalho e Melo, datada de 1766, que o anterior Alvará de 4 de Julho de 1758 já defendia, implicou a retirada das ilhas de significativos efectivos populacionais levados para o Brasil, sendo provável que as ilhas do Grupo Central do arquipélago terão sido as mais sacrificadas. Não eram apenas os "casais" a integrar os contingentes destinados ao Brasil; as levas de recrutas enviadas dos Açores por insistente e reiterada imposição da corte estabelecida no Brasil, engrossavam esta corrente migratória. E não estamos a confundir as coisas nem a misturar realidades distintas ao nível conceptual. A verdade insofismável, é que as centenas de jovens que foram arrancados ao seio das famílias para enfileirarem nas tropas de Sua Majestade, constituíam na verdade um acréscimo migratório já que a sua ida para o Brasil não tinha retorno, assumindo, por isso, uma forma subtil de reforço das correntes de emigração para a chamada América Portuguesa[10].

Colocadas estas questões introdutórias que julgo serem de utilidade para um enquadramento evolutivo das questões mais específicas a abordar, passemos ao tratamento do tema que o título sugere e de que temos andado algo afastados.

A alteração do paradigma no século XIX

Os Estados Unidos da América, do ponto de vista que nos interessa e no que tem a ver com a ilha do Faial em particular, ganham relevo como destino de emigração sobretudo na segunda metade do século XIX, embora deva reconhecer-se que o interesse pelo Brasil permaneceu e mobilizou números ainda expressivos a par

---

[8] Avelino de Freitas de Meneses, *op. cit.*, pp. 139-140.
[9] Ricardo Manuel Madruga da Costa, *Os Açores em finais do regime de Capitania-Geral. 1800-1820*, Núcleo Cultural da Horta; Câmara Municipal da Horta, 2005, pp. 203 e ss.
[10] Sobre os recrutamentos destinados ao Brasil nas duas primeiras décadas de Oitocentos ver Ricardo Manuel Madruga da Costa, *op. cit.*, pp. 199 e ss.

do crescente número de emigrantes destinados aos portos da costa Leste dos Estados Unidos, muitos dos quais se encaminhavam posteriormente para a Califórnia, sobretudo após a descoberta do ouro em 1849. Isto não impede a defesa da ideia de que a emigração para os EUA tenha tido início umas décadas antes.

De facto, ao contrário de Susana Goulart Costa, que situa as origens desta emigração na década de 1870, com especial relevância em época ainda posterior[11], é nosso entendimento que a mesma recuará aos anos da segunda década do século XIX, ainda que de forma pouco expressiva. Aliás, Artur Boavida Madeira, que aos estudos sobre a emigração das ilhas dos Açores dedicou aprofundado trabalho, defende uma cronologia idêntica, precisando mesmo que a mesma se tornará mais nítida no último quartel do século XIX [12]. Mais recentemente, Carlos Lobão defende idêntico ponto de vista, considerando que "a partir da segunda metade do século XIX, se processa uma mudança na direcção do fenómeno migratório açoriano", ou seja uma inflexão do Brasil para os Estados Unidos. Esta ideia, provavelmente, para além de influenciada por bibliografia por ele citada apontando no mesmo sentido, terá sido condicionada pelas balizas cronológicas da sua tese de mestrado abrangendo o período compreendido entre 1853-1883[13].

Ao recuarmos algumas décadas o início desta emigração, teremos, naturalmente, de moderar a sua expressão. Será, possivelmente, uma emigração de carácter individual, predominantemente clandestina, motivada pelo desejo de embarcar nos navios da frota baleeira americana frequentando já, de forma apreciável, as águas açorianas[14].

O termo da chamada Guerra de 1812 entre a Inglaterra e os Estados Unidos já independentes, selado com o Tratado de Ghent de 1815[15], dando lugar a uma reactivação da indústria baleeira americana, e o conhecimento da presença de

---

[11] Susana Goulart Costa, *op.cit.*, p. 203. Admito que esta afirmação possa estar relacionada com os dados registados em trabalho dedicado ao historial do Consulado de Portugal em Boston. Ver Fernando de Castro Brandão, *O Consulado-Geral de Portugal em Boston. Subsídios para a sua História*, Lisboa, Ministério dos Negócios Estrangeiros, 1995, p. 31. Apesar dos dados estatísticos apresentados, afirma que a emigração portuguesa, cuja proveniência não indica, se situará no ano de 1821, ainda que não referencie a fonte de que se serviu para o afirmar.

[12] Artur Boavida Madeira, s.v. "Emigração", in *Enciclopédia Açoriana*, Centro do Conhecimento dos Açores, http://pg.azores.gov.pt/drac/cca/

[13] Carlos Manuel Gomes Lobão, *História, Património e Desenvolvimento numa Cidade Insular. A Horta entre 1853 e 1883*, Ponta Delgada, Universidade dos Açores, 2008. (Dissertação de Mestrado policopiada).

[14] Sobre esta tese de associar a actividade baleeira da frota americana ao arranque da emigração de açorianos para os EUA pode ver-se in Jerry R. Williams, *In pursuit of theis dreams. A history of Azorean Immigration to the United States*, North Dartmouth, University of Massachusetts, 2005, p. 29 e ss.

[15] Ricardo Manuel Madruga da Costa, *op. cit.*, pp. 37 e ss.

açorianos entre as tripulações destes navios[16], são sinais que tornam plausível o despertar do interesse de jovens açorianos em demandar a terra americana aos quais, posteriormente, se juntariam familiares. Por fim, mas um argumento que reputamos da maior importância, referiremos que esta emigração colocar-se-ia como alternativa e forma de escapar ao recrutamento imposto pela coroa, num contexto de guerra na fronteira Sul do Brasil, ainda que a generalização deste argumento, do nosso ponto de vista, deva rejeitar-se em contextos posteriores. Não desdenharíamos ainda um outro factor associado à incontornável viagem entre as ilhas e o Brasil: um receado encontro com navios corsários ao serviço dos chamados "insurgentes" de Buenos Aires, em altura em que os navios portugueses eram considerados por aqueles "boa presa" e a sua presença nos mares dos Açores era frequente e ameaçadora[17]. Seria tal o receio em cair nas malhas do recrutamento com destino ao Brasil, que aos jovens mancebos não demoveria a perspectiva de embarcar numa viagem longa e aventurosa nas rotas de todos os Oceanos, muitas vezes com a duração de 3 e 4 anos antes de alcançarem porto americano.

Em abono desta associação de uma reactivação da actividade baleeira americana nos Açores, citaríamos ofício do Governador Militar das ilhas do Faial, Pico, Flores e Corvo, Diogo Tomaz Ruxleben. Na verdade, em denúncias circunstanciadas dirigidas ao Capitão-General em Angra, Manuel Vieira d'Albuquerque e Tovar, com data de 1825, aquele governador dá conta da frequente proximidade dos navios baleeiros nas costas do Pico e da comunicação estabelecida entre os tripulantes e pessoas de terra para contrabando de tabaco[18]. Noutro ofício datado de 1827, certamente por reconhecer a importância da actividade que lhe seria dado conhecer directamente, recomenda a "pesca" da baleia para o que seria necessário encontrar gente empreendedora[19]. Bem mais precisa é a indicação de Charles William Dabney em carta de 1853, quando dá conta de que até à altura da morte do pai em 1826 era reduzida a procura do porto da Horta – depreendo que se refere à escala e não à frequência das águas açorianas – por parte de navios baleeiros e que, a partir de então, fora ele a dinamizar essa procura[20].

---

[16] Mary Vermette, identificou dois açorianos a bordo de navios baleeiros americanos no ano de 1808. Edmund Joseph, da ilha do Pico a bordo do navio *Maria* da praça de New Bedford e Joseph Rose da ilha das Flores a bordo do navio *Sally* da praça de Nantucket. Cf. Mary T. Sílvia Vermette, "Azoreans in American Whaling", in *Boletim do Instituto Histórico da Ilha Terceira*, Angra do Heroísmo, vol. XLIX, 1991, p. 411.

[17] Ricardo Manuel Madruga da Costa, *op. cit.*, pp. 41 e ss.

[18] Biblioteca Pública e Arquivo Regional de Angra do Heroísmo (BPARAH), *Capitania Geral dos Açores*, Ilha do Faial, Correspondência de Diversos, 1825, mç.63, doc. s/n.

[19] BPARAH, *Capitania Geral dos Açores*, Ilha do Faial, Correspondência de Diversos, 1826-1828, mç.64, doc. s/n.

[20] Roxana Dabney, *Anais da Família Dabney no Faial*, [Angra do Heroísmo; Horta], Instituto Açoriano de Cultura; Núcleo Cultural da Horta, 2005, vol.2, p. 219; Maria Filomena Mónica (Coord.), *Os Dabney. Uma família americana nos Açores*, Lisboa, Tinta-da-China, 2009, pp. 325.

Importa ter em conta que não são apenas as embarcações americanas dedicadas á actividade baleeira que podiam proporcionar "transporte" das ilhas para os portos do Leste americano. O transporte clandestino era praticado por outros navios suscitando protestos em relação aos quais o Consulado Americano dos EUA nos Açores, com sede no Faial, parecia não reagir de modo muito convincente.

Recente estudo de Paulo Lopes Matos e de Paulo Silveira e Sousa, aqui já citado, ainda que de forma mais imprecisa quanto a qualquer referência temporal, defende ponto de vista que me parece vir em abono do que sustentamos, referindo que as décadas iniciais do século XIX assistiriam já a uma emigração para os EUA aproveitando uma mais frequente ligação do porto da Horta com os portos americanos, factos que corroboram com o testemunho dos irmãos Bullar na sua subida ao Pico em 1839, acompanhados por guias fluentes na língua inglesa por serem emigrantes regressados[21]. Entretanto, outro estudo por um dos autores citados, desta feita coadjuvado por Susana Serpa Silva, volta a situar em meados de Oitocentos um surto emigratório em lenta afirmação, apontando a descoberta de ouro na Califórnia em 1849 como factor de estímulo[22]. Embora sejam valores que por si só nada comprovam, é interessante referir que entre 1866 e 1900 a taxa bruta de emigração da Horta é de 12,7 ‰, superando as de Ponta Delgada e Angra do Heroísmo, mas é de salientar ao mesmo tempo, o que é significativo também, que na década de 1860 o distrito da Horta registava a mais baixa percentagem de saídas para o Brasil, situação que persistia ainda em 1874. Informações desta natureza, não autorizando a afirmação categórica do irromper de um fenómeno orientado para outras latitudes, permitem no entanto especular com uma boa probabilidade que tais fenómenos não surgem de forma súbita; resultam de processos evolutivos com uma relativamente longa elaboração.

Regressando às considerações relativas à emigração para os EUA, ao impulso original que julgamos estar na génese da corrente emigratória para os EUA, que o contexto apontado facilitava, há que juntar o conhecimento que temos de uma grande intensificação do movimento de navios baleeiros no porto da Horta, alcançando nos anos Quarenta do século XIX cifras anuais da ordem da centena de navios em escala pela baía faialense. A ausência de séries conhecidas para documentar o movimento de emigrantes entre o Faial e os EUA nesta fase

---

[21] Paulo Lopes Matos; Paulo Silveira e Sousa, *op. cit.*, p. 550.
[22] Paulo Lopes Matos; Susana Serpa Silva, "Oscilações populacionais, grupos e comportamentos sociais", in *História dos Açores. Do descobrimento ao século XX* (Dir. de Artur Teodoro de Matos; Avelino de Freitas de Meneses; José Guilherme Reis Leite), Angra do Heroísmo, Instituto Açoriano de Cultura, 2008, p. 93.

inicial, não deve impedir-nos de admitir que a uma intensificação da navegação comercial associada a este movimento, nomeadamente para o transporte do "azeite de baleia" baldeado no Faial com destino aos EUA, e a uma vulgarização do alistamento de tripulantes das ilhas mais ocidentais a bordo dos navios da frota baleeira americana, não correspondesse um movimento de gentes destas ilhas com destino a New Bedford e outros portos baleeiros onde, paulatinamente, se foi concentrando a marinhagem desembarcada das longas viagens, dando lugar, nomeadamente, a uma emigração clandestina abundantemente tratada na documentação oficial. Não vemos, por isto, razão fundamentada para tomar como marco de análise do fenómeno migratório o início da década de Setenta do século XIX como baliza para identificar o 1.º Ciclo Norte-Americano no que toca à emigração, como fazem Luís Mendonça e José Ávila num trabalho editado há alguns anos sobre a emigração açoriana[23]. Como dado fundamental contrariando esta tese, tenha-se em conta que o relatório do governador civil do Distrito Administrativo da Horta, Sampayo Júnior, regista para o período que decorre de 1854 a Dezembro de 1856, uma saída de 1070 pessoas com destino aos Estados Unidos, que identifica como sendo originárias das ilhas do Faial e Pico, sendo em número de 664 os que regressaram no mesmo período. Não é crível que estes valores correspondam a uma corrente migratória ocorrida de súbito; são, certamente, resultantes de um movimento com um historial de duração apreciável[24]. No mesmo relatório aponta-se um situação interessante e significativa, ao dar-se conta de que, num quadro de perda de população, o número de fogos teria aumentado, exactamente devido ao efeito específico dos naturais regressados dos EUA após terem amealhado somas apreciáveis e assimilado hábitos de conforto. Joel Serrão, citando Rodrigues de Freitas, apresenta quadro elucidativo para o período entre 1855-1865, registando 3008 emigrantes provenientes da Horta, provavelmente originários de várias ilhas, com destino aos Estados Unidos[25].

Corroborando o que se vem afirmando, em informação circunstanciada do cônsul Charles William Dabney para o Departamento de Estado datada de 1854, dava-se conta de que, nos últimos dez anos o comércio com os Estados Unidos

---

[23] Luís Mendonça; José Ávila, *Emigração Açoriana (sécs. XVIII a XX)*, Lisboa, s/e, 2002, p.165. Não se compreende que nas considerações introdutórias ao capítulo, não se tenha tido em consideração a referência explícita dos autores, a p. 105 da mesma obra, à emissão de 50 passaportes para pessoas destinadas aos EUA e com origem em Ponta Delgada.
[24] "Relatório do Governo Civil do Districto Administrativo da Horta" in *Relatórios sobre o estado da Administração Pública nos Districtos Administrativos do Continente e Ilhas Adjacentes em 1856*, Lisboa, Imprensa Nacional, 1857, p. 386.
[25] Joel Serrão, *A Emigração Portuguesa*, 4.ª ed., Lisboa, Livros Horizonte, 1982, pp. 41-42.

se manteve estável e que a emigração vinha sofrendo um aumento gradual no mesmo período[26].

Embora em obra essencialmente orientada para o estudo da emigração no século XX, Jerry R. Williams não deixa de identificar os navios baleeiros como veículos de relevância no incentivo à emigração, chegando os jovens aos milhares entre 1840 e 1880[27]. Note-se, porém, que em considerações posteriores, refere claramente que passados os primórdios de Oitocentos, aos emigrantes ocasionais sucederam-se já nos anos 20 levas mais significativas de açorianos que por 1840 engrossaram[28]. Lamentavelmente, o autor não faz qualquer referência às fontes em que se baseia. Entretanto, para o mesmo autor, a partir de 1870 tem lugar a segunda fase da emigração para os EUA. Porém, voltando à obra de Joel Serrão, encontramos um quadro do maior interesse facultado àquele autor pelo Professor Francis Rogers, dando conta de valores da emigração portuguesa, que depreendemos ser legal, incluindo continente e ilhas, para os anos compreendidos entre 1820 e 1972. Para o ano de 1820, regista 35 emigrantes, para o intervalo de 1821 a 1830 regista 145, entre 1831 e 1840, temos 829, de 1841 a 1850, saíram 550 e de 1851 a 1860, os valores já alcançam 1055, para quase dobrarem entre 1861 e 1870, com 2658[29]. Não custa admitir, pelo que se sabe da predominância tradicional da emigração açoriana com destino aos Estados Unidos no século XIX, que nestes números pese de forma significativa esta componente.

Para delimitarmos esta segunda fase da emigração do Faial para os EUA considerada por Jerry Williams, importa identificar alguns factos de enorme relevância na economia das ilhas do Faial e Pico, estes sim, fortemente determinantes de condições que deram lugar a uma emigração que a meados do século XIX se afirmou e evoluiu de forma continuada. Concomitantemente, é importante salientar, o crescente descrédito das condições a que eram sujeitos os emigrantes açorianos chegados ao Brasil, alvo de verdadeira campanha de denúncia na imprensa açoriana, que terá certamente favorecido o surto, mesmo que hesitante, da emigração para a América do Norte.

Relativamente ao que acima se afirma, entre os muitos artigos surgidos na imprensa faialense, destacaríamos um texto inspirado num debate na Câmara de Deputados em 1860 que nos parece eloquente a este propósito:

---

[26] Instituto Açoriano de Cultura, *Correspondência dos Cônsules dos Estados Unidos nos Açores. 1795-1906*, Angra do Heroísmo, Instituto Açoriano de Cultura, 2005. Rolo4, n.ºs 211-216. Esta transcrição digital teve por base os microfilmes em *The U. S. National Archives, Portugal, Consular Despatches, Fayal, Azores, 1793-1897*, T 203, 11 Rolls.
[27] Jerry R. Williams, *op. cit.*, p. 4.
[28] Id. p. 23; p. 30.
[29] Joel Serrão, *op. cit.*, p. 45.

"... não é para isso [para recusar aos portugueses o direito de emigrar] que levanta a sua voz, mas para procurar evitar que cidadãos portugueses, enganados com a promessa de grandes fortunas, vão achar-se fora da pátria na desgraça e na miséria.

Entende que todo o homem tem direito de procurar o maior número de bens, seja em que país for: mas é seu dever, como deputado pelas ilhas, pugnar por que se tomem providencias para evitar a emigração ilícita para o Brasil, que não é como a que se faz para a América Inglesa, porque a maior parte das pessoas que para ali vão habitar, gozam de um clima magnífico, têm grandes salários, e a maior parte das vezes voltam para o seu país, umas ricas, outras muito remediadas, e vão empregar esses meios na cultura das terras, enquanto que as que vão para o Brasil vão expor as suas vidas às febres daquele país, e, em lugar de voltarem ricas, a maior parte delas lá morrem na miséria"[30].

A proliferação de notícias e artigos na mesma linha de contestação à emigração com destino ao Brasil, contrapondo as vantagens da que se processava para os EUA, e até a denúncia da conivência das autoridades tolerando o embarque de emigrantes muito para além da capacidade dos navios envolvidos, ou a deliberada ignorância da acumulação de clandestinos em locais conhecidos para embarque pela calada da noite e fora da vista das autoridades, era comum na imprensa da época[31].

A derrocada da economia faialense

Antecedendo as considerações que vamos abordar nesta parte da nossa comunicação, será útil situar o contexto económico e a criação de condições que marcam, de facto, uma profunda alteração social justificativa do irromper de uma corrente migratória expressiva e duradoura com destino aos EUA.

Embora seja habitual identificar-se o aparecimento do oídio nas vinhas da ilha do Pico em 1852, iniciando o processo de total destruição dos vinhedos da tradicional casta "verdelho"[32], como o facto central associado à eclosão de uma corrente de emigração das gentes das ilhas do Pico e do Faial, a questão tem contornos mais amplos.

Na verdade, esta calamidade materializa o mais dramático acontecimento ocorrido na economia das ilhas do Pico e do Faial no século XIX, a que deve

---

[30] *O Fayalense*, 12 de Agosto de 1860, p.2.
[31] A título de exemplo, ver *O Fayalense*, 7 de Julho de 1861, p. 1.
[32] António Lourenço da Silveira Macedo, *História das Quatro Ilhas que formam o Distrito da Horta*, (Edição fac-similada da edição de 1871), Angra do Heroísmo, Direcção Regional dos Assuntos Culturais, 1981, vol. II, pp. 213-214.

acrescentar-se, a partir dos anos Setenta, a destruição dos pomares faialenses aniquilando totalmente a produção e exportação da laranja. Factor de peso e que tem de ponderar-se também neste contexto, foi a antecipação da construção da doca de Ponta Delgada em 1862, provocando a transferência de uma parte da navegação que habitualmente escalava o Faial, para aquele porto, enquanto que a construção do porto da Horta apenas teria início em 20 de Março de 1876 – quase uma quinzena de anos depois[33]. Quando o abrigo da doca do Faial podia de facto tornar-se útil, o seu préstimo fora drasticamente reduzido. A descoberta do petróleo na Pensilvânia em 1859, afectando fortemente o consumo e os preços do chamado "azeite de baleia" e, sobretudo, a Guerra da Secessão (1861-1865), levaram ao irreversível declínio da indústria baleeira americana, enquanto que a derrocada na produção do "verdelho" da ilha do Pico e o desaparecimento da laranja dos pomares faialenses, exportada para os EUA e Norte da Europa, não mais exigiam o abrigo do porto que durante séculos acolhera milhares de veleiros cruzando o Atlântico.

Todavia, e apenas recorrendo a algumas breves informações facultadas por Silveira Macedo, podemos identificar outras calamidades que não devem ser desvalorizadas.

Em 1840 os laranjais do Faial foram atingidos pela primeira vez, o mesmo acontecendo com a importante cultura da batata em 1846 o que, segundo o mesmo autor, ainda perduraria[34]. Ou seja, cerca de 1870, já que a obra que estamos a citar foi editada em 1871.

Sem perder de vista a quase crónica escassez de cereais que afligia as populações e a falta de trabalho condigno para proporcionar a capacidade de adquirir géneros com preços acrescidos para a sua subsistência, é no quadro da agudização das dificuldades criadas pela crise económica que acima se esboça, remontando já ao início dos anos Quarenta, que podemos compreender a intensificação da emigração para os EUA. O motivo existia; a maior frequência dos transportes marítimos proporcionava o meio de facilitar a demanda de uma fartura que as ilhas de origem obstinadamente recusavam e, por fim, como alternativa à desgastada imagem do Brasil, o acalentar do sonho americano veiculado pelas notícias daqueles que a sorte já havia levado até às terras da América, transformado em promessa de uma vida melhor – tudo isto desenha um cenário propício e que explica a debandada das gentes mais carenciadas das ilhas do Faial e Pico.

---

[33] Ver Ricardo Manuel Madruga da Costa, "Breves notas para a História do Porto da Horta (Seguidas da transcrição da correspondência Dabney-Bensaúde)", in *Boletim do Núcleo Cultural da Horta*, Horta, vol. XII, 1996.97, pp. 9-109.

[34] António Lourenço da Silveira Macedo, *História das Quatro Ilhas que formam o Distrito da Horta*, (Edição fac-similada da edição de 1871), Angra do Heroísmo, Direcção Regional dos Assuntos Culturais, 1981, vol. III, p. 12.

É incontável o número de jornaleiros que na roda do ano se ocupavam na cultura da vinha do Pico, como é incontável o número de trabalhadores que na faina do transporte e armazenagem das pipas de vinho e das caixas de laranja comercializadas através do porto da Horta, obtendo sustento para si e suas famílias. A ruína total dos vinhedos do Pico e, mais tarde, a destruição dos pomares da ilha do Faial, suprimindo inteiramente a exportação de vinho e de laranja, obrigou centenas de famílias a encontrarem na emigração a única alternativa capaz de as retirar do estado de indigência a que se encontravam reduzidas.

A visão das autoridades distritais sobre a emigração de meados de oitocentos
Recuando ao documento de natureza oficial mais antigo que nos foi possível consultar para o período da organização distrital – elaborado em data bem distante da que tem vindo a ser apontada como aquela em que a emigração para os EUA terá tido início, identifica-se a primeira crise verificada na produção de laranja ocorrida em 1840 como dando lugar a uma calamidade mais desastrosa do que o terramoto da Praia, as tempestades que assolaram a ilha de S. Miguel e a derrocada de terras acontecida no Funchal, reduzindo os laranjais a "cemitérios de esqueletos vegetais". Sublinhava-se, então, que estava em causa a única exportação própria e regular da ilha do Faial, representando uma perda da ordem dos 2 milhões de Cruzados[35]. Uma soma muito elevada se tivermos em conta que os 800$000 réis a que equivale pode ser avaliado se tivermos em conta, por exemplo, que a despesa média da Câmara Municipal da Horta, no começo do século, andaria por cerca do dobro daquele valor.

O relatório da Junta Geral do Distrito da Horta para o ano de 1843 – é a ele que estamos a recorrer – não hesitava em classificar a gente do Faial como o mais desditoso dos povos.

No relatório de 1855 da mesma Junta Geral, perante a crise que cerca de 3 anos antes viria dar início à total destruição das vinhas da ilha do Pico, também com repercussões devastadoras na economia faialense, esta instituição afirmava explicitamente que:

> "Desde muitos anos tem sido enorme a emigração destas ilhas para os Estados Unidos e para o Império do Brasil, sem que a possam ter tolhido quantas providências têm baixado do Governo de Vossa Majestade. Ainda que a emigração não tenha chegado ao ponto excessivo que era de esperar pela miséria ocasionada e transtornos resultantes da moléstia das vinhas, é muito para recear que a mesma

---

[35] "Consulta da Junta Geral do Districto da Horta do Anno de 1843" in *Consultas das Juntas Gerais dos Distritos Administrativos do Reino e Ilhas Adjacentes do Anno de 1843*, Lisboa, Imprensa Nacional, 1845.

emigração de futuro aumente, se não se proporcionarem os recursos necessários que a Junta solicita."[36]

Esta visão algo contida sobre a dimensão da emigração não era partilhada por todos os responsáveis, como veremos. Todavia, o que é importante reter na citação acima, abrangendo as saídas de faialenses também para os EUA, é o facto de se reportar a um tempo bem mais recuado do que aquele em que os responsáveis elaboram o relato.

Num outro plano, mas igualmente um sinal elucidativo quanto à precocidade da emigração para os EUA em relação às afirmações mais comuns sobre o começo das saídas de faialenses direccionadas para a América do Norte, citamos de uma consulta de 1858 um apelo ao governo para que fosse criada uma cadeira de náutica no liceu da Horta, cujo teor é o seguinte:

"A tendência decidida destes povos para a vida marítima, o grande número de mancebos que anualmente embarcam nos navios americanos, justificam aquela criação..."[37].

Por 1860, como se pode ler na consulta da Junta Geral para este ano, o volume da emigração para os Estados Unidos e para o Brasil já estariam equiparadas. O relator exprime-se nestes termos sobre aqueles que emigram:

"... não podendo haver sua sustentação no país natal ou querendo melhorar de condição, a demandam nos prósperos Estados Unidos da América e no inóspito Brasil; porém é hoje, Senhor, uma maravilha para a Junta ver a cifra da emigração para a América do Norte, equiparada já à do Brasil ..."[38].

A visão dos Governadores Civis relevava aspectos algo diversos. Consideravam a emigração como um inconveniente gravoso em geral, mas revelam uma visão algo tolerante, não só à luz dos princípios humanísticos que legitimam o direito do ser humano à busca de meios de subsistência em país estranho, mas igualmente por reconhecerem que as ilhas dos Açores não garantem as oportunidades de trabalho para garantir o sustento dos seus habitantes. O mal

---

[36] "Consulta da Junta Geral do Districto da Horta do Anno de 1855" in *Consultas das Juntas Gerais dos Districtos Administrativos do Reino e Ilhas Adjacentes dos Annos de 1855 e 1856*, Lisboa, Imprensa Nacional, 1857.
[37] "Consulta da Junta Geral do Districto da Horta do Anno de 1858", in *Consultas das Juntas Gerais dos Districtos Administrativos do Reino e Ilhas Adjacentes do Anno de 1857*, Lisboa, Imprensa Nacional, 1858.
[38] "Consulta da Junta Geral do Districto da Horta do Anno de 1860", in *Consultas das Juntas Gerais dos Districtos Administrativos do Reino e Ilhas Adjacentes do Anno de 1860*, Lisboa, Imprensa Nacional, 1861.

dos Açores não era a falta de alimentos e a constante ameaça de fome que a isso se associava; era, isso sim, a falta de trabalho condigno e com adequado salário para permitir uma existência digna, razões que fundamentavam a constante e reiterada reivindicação das autoridades do distrito no sentido de ser levado a cabo um programa de obras públicas em que a construção da doca da Horta surgia como questão central.

Todavia, apesar dos inconvenientes da emigração em geral, os governadores assumiam posição totalmente diversa face às duas correntes de emigração e isso, certamente, resultava de um conhecimento adquirido ao longo de um período já longo. Contrapondo à emigração destinada ao Brasil, que as autoridades consideravam desastrosa e um passaporte para uma condição de miséria quase certa, a emigração destinada aos Estados Unidos da América era encarada como um benefício e a esperança de vida desafogada com a possibilidade de rápido enriquecimento. Era nestes termos que o governador civil do distrito da Horta se exprimia em 1857;

"A emigração dos Estados Unidos vai livre, é gozo do direito do homem, o desejo do ganho e a fuga ao recrutamento; esta emigração não desfalca a população; importa capitais de grande monta, e traz hábitos de *confortable* e ideias de civilização"[39].

E para que se permita um juízo comparativo, agora em função da perspectiva de outro governador cuja acção se notabilizou ao longo dos vários anos que permaneceu no distrito, o Conselheiro António José Vieira Santa Rita, atente-se na coincidência de uma opinião a favorecer igualmente a emigração para os Estados Unidos da América:

"[Para os EUA] vai uma população vigorosa, cheia de vida, sem hipoteca de serviços, e perfeitamente senhora da sua vontade e de seus lucros [... no regresso] trazem de ordinário uma ilustração e moralidade muito superior àquela que na generalidade a nossa gente obtém no Brasil"[40].

Ao longo dos relatórios dos governadores civis publicados entre 1857 e 1867 a que podemos juntar o relatório do Visconde de Castilho, datado de 1877, inclui-se sempre uma informação sobre a população, em especial os movimentos

---

[39] "Relatório do Governo Civil do Districto Administrativo da Horta, 1856 in *Relatórios sobre o estado da Administração Pública nos Districtos Administrativos do Continente e Ilhas Adjacentes em 1857*, Lisboa, Imprensa Nacional, 1857, p. 387.
[40] "Relatório do Governo Civil do Districto Administrativo da Horta, 1857" in *Relatórios sobre o estado da Administração Pública nos Districtos Administrativos do Continente e Ilhas Adjacentes em 1857*, Lisboa, Imprensa Nacional, 1858, pp.8-9.

migratórios. Lamentavelmente, as limitações que os governadores reconhecem, manifestando sempre desconfiança sobre os números que publicitam, impedem uma análise fiável. No caso particular das saídas e entradas de pessoas, a falta de uniformidade de critérios e a mistura de indivíduos com estatuto completamente alheio à condição de emigrantes, inviabiliza a organização de um quadro de síntese minimamente credível. Porém, é insofismável a existência de uma corrente consistente de emigrantes para os EUA, sendo interessante a persistente aproximação dos quantitativos destinados ao Brasil. Num caso e noutro, pela informação contida nos referidos relatórios, é possível apreciar uma realidade permanente e, certamente, legitimadora da posição favorável dos governadores à emigração para os EUA; o número de pessoas que regressam dos EUA é sempre muito mais volumoso do que as que voltam do Brasil.

Um outro factor de consideração presente nos relatórios referidos é a emigração clandestina que no caso do Brasil assumirá valores muito expressivos ainda que os governadores não se afoitem a propor números para esta situação que consideram um flagelo incontrolável.

Por fim, avultando no articulado dos relatórios, sobressai a questão da crónica fuga dos mancebos do distrito ao cumprimento do serviço militar, alegando-se uma natural aversão ao alistamento que estaria associada ao apego à terra, obrigando os jovens a separarem-se das suas comunidades e familiares. Jamais encontrámos uma argumentação coerente e lógica que nos permitisse aceitar que a emigração fosse expediente razoável para escapar ao serviço militar. A emigração era certamente um objectivo e o cumprimento do serviço militar constituiria um óbice a que fosse alcançado. Em nosso entender, não se emigrava para fugir ao serviço militar e, menos ainda pode valer como argumento aceitar-se que os jovens embarcavam nos navios da frota baleeira americana para fugir ao serviço militar que os afastaria da sua terra de origem. O argumento não faz qualquer sentido, já que os jovens não ignorariam que o embarque nas baleeiras significava a aceitação voluntária de um exílio, porventura mais arriscado e aventuroso do que o afastamento temporário em cumprimento de obrigações militares. Que as famílias desejassem reter os filhos para beneficiar da sua ajuda no cultivo da terra, é aceitável; mas a "saudade" e o apego ao lar são, em nosso entender, argumentos sem sentido.

Concluindo
Na caracterização da mobilidade da gente açoriana, o destino brasileiro avulta desde meados do Século XVIII como alternativa na busca de condições mais favoráveis ao sustento em que a terra de origem era mais avara. A estas razões, entretanto, sobrepor-se-ão necessidades estratégicas por parte da coroa portuguesa, relacionadas com a sua política imperial.

Em torno da década de vinte do século XIX, face às oportunidades oferecidas pela intensificação da navegação de comércio americana, e também do aumento da frequência dos mares das ilhas pelos navios da frota baleeira dos Estados Unidos, a exclusividade do destino brasileiro foi quebrada, ocorrendo um primeiro surto emigratório para a chamada América Inglesa. A persistência das dificuldades na terra de origem e a inoperância das autoridades; a independência do Brasil com impacto temporário na redução dos fluxos para este país; a ocorrência em sucessão continuada de crises económicas que afectaram profundamente e de forma irremediável a economia das ilhas do Faial e do Pico, num período em que a ideia de desafogo e de enriquecimento fácil se associava à América do Norte e a tornava um destino cobiçado; a persistente denúncia das condições desumanas quanto ao modo em que se processava a emigração para a antiga colónia portuguesa – todas estas razões deram lugar ao gradual desenvolvimento de uma corrente de emigração destinada aos Estados Unidos, a partir do porto da Horta na ilha do Faial, ultrapassando na segunda metade do século XIX a relevância das saídas para o Brasil, nomeadamente ao nível dos efeitos induzidos na economia local por efeito de um mais expressivo número de emigrantes regressados à terra natal com condições de apreciável desafogo.

III

COMUNICAÇÃO E EMIGRAÇÃO NOS ESTADOS UNIDOS

Pelos caminhos da emigração

RUBEN RODRIGUES*

A abordagem do tema emigração não dispensa a presença e o pensamento dos jornalistas que entrosando-se com as comunidades migratórias, relevam factos, vivências, conjunturas e momentos positivos ou nem tanto, que só o contacto directo permite abarcar.

Daí, louvar-se o entendimento dos organizadores do Colóquio ao chamarem à colação alguns representantes de OCS (órgãos de comunicação social) das duas margens do Atlântico.

Como é do conhecimento, as razões basilares que levam os povos, no nosso caso, o povo ilhéu que somos, a procurar outras paragens, prendem-se com a busca de novas oportunidades em contraponto com as limitações internas, as injustiças sociais e/ou políticas a que se juntam, quantas vezes; as calamidades e catástrofes naturais.

Ao jornalista cabe, deixando aos académicos as análises sociológicas e históricas, o aprofundar das hipérboles do movimento das gentes em busca de novos espaços mais condizentes com os seus legítimos desejos de sobrevivência e, desse modo, procurar aquilatar, através, até, das suas expressões faciais, do contentamento, do esforço, da tenacidade, do estoicismo da grandeza de alma, do seu sentido de solidariedade e de fraternidade que o acto de emigrar arquitecta.

Nem tudo são rosas nessas terras de emigração, surgem também os espinhos, mas dá gosto verificar o prazer que demonstram ao convidar-nos para as suas casas, literalmente diferentes das da sua terra de origem, dos frigoríficos cheios, do carro, das mordomias e abastanças que um trabalho, também árduo, permite, em contraste com a vida aperreada anterior.

---

* Director do semanário *Triângulo*, à data do Colóquio.

Em uma das nossas visitas às terras do "Tio Sam", fomos conduzidos à residência de um concidadão migrante e apreciámos o brilho do olhar de sua mulher ao mostrar-nos os quartos de cama, onde os colchões, ao contrário dos então na Ilha, eram cheios de água.

Outrem, que também percorreu as estradas da emigração, escreveu-nos radiante, passados alguns meses, afirmando: Isto é uma santa terra! Na minha *frisa*[1], tenho mais variedade de comida do que o governador daí.

Visitámos, outrossim, os EUA em tempo do presidente Reagan e pudemos aquilatar da tristeza de algumas assistentes sociais a encerrarem os serviços de apoio aos emigrantes mais desprotegidos, criados por um presidente democrata, mas considerados desnecessários pela visão republicana da sociedade. Num dos centros, cuja actividade fora reduzida mas ainda não fechado, encontramos um mealheiro, convidando à solidariedade dos demais.

Num lago californiano, com zonas de actividade bem demarcadas e controladas pela polícia, topamos uma casa lacustre, onde flutuavam as bandeiras americana e portuguesa. Curiosos, abeiramo-nos. Fomos convidados a subir, a visitar as diferentes dependências e a comprovar, dada a animação envolvente, que o nosso cicerone festejava os seus 80 anos.

Mas, qual a razão da bandeira portuguesa?

O interlocutor, nascido nos EUA e sem conhecer a pátria Lusa, hasteava, com orgulho, o pavilhão, porque o seu avô era um português emigrado da ilha do Pico.

A importância, a força, a ufania e o epifonema do povo açoriano e português em terras da América, repercute-se, colectivamente, nas associações fraternais, nos clubes desportivos e culturais, nos OCS, nos ranchos folclóricos, nas universidades, nos escritores, nas empresas e nas festas religiosas, pedaços do rincão de nascimento que, lá longe, servem de lenitivo às saudades que a maior abastança, mesmo assim, não consegue mitigar.

---

[1] Palavra que significa frigorífico. Transposta do inglês "fridge-freezer" pela comunidade açoriana nos EUA. O vocábulo foi incorporado no léxico local açoriano.

Ecos da experiencia mediática galega en América nos tempos da reconfiguración do escenario comunicativo

XOSÉ LÓPEZ*

A reconfiguración do sistema mediático que se está producindo nos últimos anos, da man de Internet e das tecnoloxías actuais, supón unha oportunidade para aproveitar a experiencia acumulada en algo máis de dous séculos de medios de comunicación impresos en Galicia, con iniciativas tanto no interior como no exterior, en lugares de acollida da emigración galega – sobre todo, en Cuba, Arxentina e Uruguai. O novo escenario comunicativo, marcado pola necesidade de produción de mensaxes desde proximidade e o paradigma da difusión mundial para un acceso en calquera momento e desde calquera lugar, aconsella o deseño de proxectos de matriz "colaborativa" que reflictan elementos dun modelo multipolar. A rica experiencia dos proxectos postos en marcha no pasado para buscar unha boa sintonía cos públicos de cada etapa histórica constitúe un capital importante que pode dar ideas e azos nestes momentos actuais, en vésperas do establecemento das bases do sistema de medios e das claves do modelo de comunicación para o século XXI.

Cando analizamos a historia dos medios de comunicación en Galicia, constatamos que foi precisamente un conxunto de focos de medios o que caracterizou a etapa de consolidación, con iniciativas moi interesantes promovidas por galegos tanto dentro coma fora do noso territorio. De feito, na orixe do sistema mediático actual galego hai unha estrutura multipolar de medios impresos que apareceron

---

* Catedrático de Xornalismo. Universidade de Santiago de Compostela.

nas principais localidades galegas e outros que, aínda que con modelos moi diversos e de duración relativamente curta, promoveron as colectividades galegas no exterior, nomeadamente en La Habana, Bos Aires e Montevideo. Uns e outros mantiveron durante algunha fase diálogos amigables ou desafiantes, pero sempre formando parte dos medios a través dos que se informaban importantes sectores da sociedade galega do momento.

A emigración transoceánica é a de maior tradición en Galicia, tanto por ser o lugar de preferencia dos emigrantes galegos durante cen anos como polo enorme número de persoas que cruzaron o Atlántico. Entre 1911 e 1970, saíron por mar de Galicia para América 1.187.247 persoas – un terzo das saídas de España – (Villares, 1980: 238-239). No século XIX, o destino elixido pola maioría foi Cuba, mentres desde 1880 rexistrouse unha forte emigración ás repúblicas rioplatenses, sobre todo a Arxentina, o que fixo mudar o lugar de acollida do maior número, que desde esa etapa foi Arxentina.

O fenómeno migratorio constitúe o aspecto máis definitorio da poboación galega contemporánea, tanto pola perda de efectivos que supuxo como pola súa virtualidade equilibradora dunha poboación en permanente desasxuste cos recursos producidos (Villares, 1980: 235). Na segunda metade do século XIX saíron de Galicia arredor de catrocentos mil emigrantes, o que supuxo a perda dunha quinta parte da poboación existente en 1860. Galicia comezou daquela a ser certamente un país de emigración (Villares/Artiaga, 2007: 51-52).

Dunha media anual de 1950 persoas que saían anualmente cara a América no período do 1847-1864, pasouse a finais de século a unha media anual de 17.515 saídas no período 1886-1903 (De Juana/Vázquez, 2005: 433). Este cambio foi o que fixo que a emigración galega a América se convertese nunha práctica masiva, comparable á que se produciu en moitas outras rexións europeas, dende o Miño portugués ata o Véneto italiano ou ao que acontecerá na Irlanda de mediados de século (Villares/Artiaga, 2007: 51-52)

Os datos dos que estudaron a emigración galega indican, pois, que na etapa de finais do século XIX e primeira metade do século XX produciuse a maior intensidade deste fenómeno de emigración, sobre todo a América. Nestes estudos que citamos apúntase que entre 1836 e 1930, preto de 1.500.000 galegos emigraron, a maioría a América Este feito, xunto coa concentración dos países de destino (Cuba, Arxentina, Uruguai, México...), creou condicións favorables para a aparición de medios de comunicación impresos, uns das entidades galegas e outros xornais dirixidos aos galegos. E, de feito, así foi, xa que apareceron moitas cabeceiras e, en xeral, toda esta prensa galega de inmigración tiña como finalidade nestes países o fomento da organización dos emigrantes e propiciar o recoñecemento da galeguidade (Zubillaga, 1996: 44). Sen dúbida, estes foron dous dos aspectos aos que contribuíron a maioría das publicacións existentes nestes países e promovidas, case sempre, por emigrantes galegos e, ás veces, con algún pequeno espazo para a lingua galega.

O galego no xornalismo

Aínda que houbo moitas publicacións na emigración, o galego non destacou como o seu punto forte, como tampouco o foi nas publicacións nacidas no interior. Como se sabe, os medios impresos chegaron tarde a Galicia e fixérono en castelán. Os primeiros textos escritos en galego imprimíronse a comezos do século XIX e tiñan como finalidade principal posicionar ós campesiños do lado dos liberais ou dos absolutistas. En 1800, nacera *El Catón Compostelano*, obra de Francisco del Valle Inclán – bibliotecario da Universidade de Santiago de Compostela e devanceiro do pai literario do Marqués de Bradomín – considerado o primeiro xornal galego. A publicación tiña periodicidade semanal, estaba escrita en castelán e abordaba múltiples temas de cultura e sociedade dende o punto de vista do seu autor. Deixou de publicarse case catro meses despois do seu nacemento e logo de que viran a luz vintedous "discursos", nome que recibía cada unha das edicións.

A lingua axiña entrou como preocupación dalgúns dos sectores máis dinámicos da sociedade do momento. Conforme avanzaba o século XIX, os homes e mulleres do Rexurdimento ían tomando conciencia de que a conservación e a normalización da lingua pasaban ineludiblemente pola modificación da súa condición social (Hermida, 1992: 90), e unha boa forma de conferirlle prestixio ó idioma era empregándoo nun medio de comunicación. Así, o 7 de febreiro de 1876, naceu *O Tío Marcos d'a Portela*, o primeiro xornal escrito en galego e que promovía unha activa defensa da lingua, así como do orgullo de empregala.

De feito, *O Tío Marcos d'a Portela* abriu camiño. O éxito do semanario ourensán, dirixido por Valentín Lamas Carvajal, foi espectacular e, en menos dun ano, cuadriplicou a súa tirada pasando dos 1.000 ós 4.000 exemplares. O contido ía dirixido fundamentalmente ós campesiños, tiña un marcado carácter anticaciquil[1] e trataba temas de actualidade política, económica e social. Tamén contaba entre as súas follas cos traballos, en verso e en prosa, de colaboradores como Manuel Curros Enríquez, Eduardo Pondal, Francisco Añón, Manuel Lugrís Freire, Eladio Rodríguez ou Benito Losada. *O Tío Marcos d'a Portela. Parrafeos c'o pobo gallego* publicouse entre 1876 e 1880, 1883 e 1889 e, case trinta anos despois, entre 1917 e 1919, funcionando nesta última etapa como voceiro das Irmandades da Fala en Ourense.

---

[1] A cabeceira do xornal dicía: "Os mandamentos d'o Marcos fora d'airexa son seis: facer á todos xusticia, non casarse con ninguen, falar o gallego enxebre, cumprir c'o que manda a ley, loitar pol-o noso adianto con antusiasmo e con fé, vestir calzós e monteira, *per omnia sécula amén*".

Ademais, convén recordar que antes de que botase a andar o xornal de Lamas Carvajal, editáronse en Galicia unha serie de publicacións sen continuidade no tempo que contiñan textos en galego como *A Tertulia de Picaños* (1820), *A Tertulia da Quintana* (1836) ou *A Parola de Cacheiras* (1836), nas que se informaba e opinaba de cuestións de actualidade de xeito dialogado. Tamén se imprimiu na Coruña un xornal de periodicidade variable: *O Vello do Pico Sacro* (1860) que, malia estar escrito integramente na lingua de Galicia, non se considera o primeiro periódico redactado en galego, por mor da súa escasa permanencia no tempo e da súa baixa tirada.

A finais do XIX houbo varias cabeceiras que levantaron a bandeira do galego. Así, seguindo o camiño marcado polo *Tío Marcos*, entre 1881 e 1895, saíron do prelo un gran número de publicacións como *A Fuliada*, en Betanzos e na Coruña; *O Galiciano* e *A Tía Catuxa*, en Pontevedra; *A Monteira* e *O Labrego* en Lugo; ou *As Burgas* en Ourense, caracterizadas pola súa brevidade temporal e por estaren relacionadas, a maior parte delas, co movemento rexionalista galego. Tamén nese tempo aparece na Habana a primeira publicación escrita completamente en galego na emigración: *A Gaita Gallega. Repinica muiñeiras, alboradas e fandangos unha vez ó mes* (1885 – 1889). Dirixida inicialmente por Ramón Armada Teixeiro e Manuel Lugrís Freire – baixo os pseudónimos Chumín de Céltigos e Roque d'as Mariñas, respectivamente –, promovía o monolingüismo galego en tódalas súas páxinas, teimaba na revitalización da identidade e da cultura a través do idioma e contribuía a impulsa-la poesía e a prosa galegas.

O século XX trouxo un pequeno cambio de aires. Durante os primeiros anos do século XX produciuse unha ralentización na posta en marcha de novas cabeceiras impresas ata a chegada, en 1916, de *A Nosa Terra* e, en 1920, de *Nós*, ámbalas dúas ó abeiro das Irmandades da Fala. No primeiro caso, a revista enmarcábase no eido da prensa xeneralista e de opinión, publicábase cada dez días, tiña por subtítulo *Idearium da Hirmandade da Fala en Galicia e nas colonias gallegas d'América e Portugal* e defendía a idea de que o galego, ademais de para a literatura, serve para tratar calquera tema informativo e de actualidade. No caso de *Nós, Boletín mensual da cultura galega*, xunto co descubrimento da identidade galega e a súa apertura cara outras correntes humanísticas europeas, pretendíase elevar e dignifica-la lingua a través do seu emprego en tódolos eidos da cultura.

Os anos escuros comezaron no 1936. Co alzamento militar, o galego desapareceu da escrita e os únicos textos impresos nos que se empregaba eran xornais clandestinos ou publicacións editadas dende o exilio como *Adiante* e *Galicia Emigrante* (Bos Aires, 1954), *Vieiros* (México, 1959) ou *A Nosa Galiza* (Xenebra, 1967). Só a aparición da revista cultural *Grial*, da editorial Galaxia, e o ideario da Unión do Pobo Galego, *Terra e Tempo*, viñeron a romper un silencio que se prolongou durante case catro décadas. En 1976, xa rematada a ditadura, naceu en Santiago de Compostela *Teima*, o primeiro semanario de información xeral escrito completamente en galego; e, pouco despois, volveu á vida *A Nosa Terra*, dirixida por Margarita Ledo Andión. A recén estreada democracia permitiu que abrollasen numerosas revistas escritas na lingua de Galicia como *Encrucillada, A Trabe de Ouro, Agália, Andaina, Dorna, Artesán* ou *Tempos Novos*, pero houbo que agardar case vinte anos antes de que aparecese un xornal de información xeral. *O Correo Galego* (actualmente *Galicia Hoxe*), primeiro e único diario de pago impreso que emprega a lingua galega en tódalas súas follas, edítase na capital de Galicia dende o 6 de xaneiro de 1994 e a súa posta en marcha constitúe unha das iniciativas máis firmes dos últimos anos a prol da normalización lingüística.

No tocante á radio, a lingua galega estivo presente nas ondas, en maior ou menor medida, dende os mesmos inicios da radiodifusión en Galicia, no primeiro terzo do século XX, e ata que, ó igual que aconteceu coa prensa, o franquismo silenciou tódalas voces non castelás e instaurou corenta anos de escuridade e clandestinidade. Logo da caída do réxime, varias radios locais optaron por incorpora-lo galego nos seus espazos empregándoo xunto co castelán; e, o 24 de febreiro de 1985, comezou a emisión en probas da Radio Galega, a primeira emisora pública de Galicia que emitiu toda a súa programación en galego. Só uns meses despois, concretamente o 24 de xullo do mesmo ano, botou a andar a Televisión de Galicia, tamén de titularidade pública, pertencente ó mesmo grupo que o anterior – a Compañía Radio-Televisión de Galicia (CRTVG) – e con toda a súa grella en lingua galega.

Cabeceiras da emigración

A rica historia dos medios de comunicación no interior de Galicia hai que completala, pois, coas interesantes iniciativas que puxeron en marcha as colectividades emigrantes galegas, especialmente en Cuba, Arxentina e Uruguai, lugares onde se asentou un importante número de cidadáns das catro provincias, como dixemos. As colectividades galegas en América, que nos comezos do século XX participaban dunha especie de movemento favorable ao asociacionismo, crearon numerosos boletíns e revistas, moitas delas de curta duración, e que tiñan como obxectivo informar ós asociados das actividades das distintas agrupacións. E tampouco faltaron xornais dirixidos á poboación galega (Barreiro, 1991: 359). Os medios que promoveron non só prestaron atención á nosa cultura e o que acontecía en Galicia, senón que tamén cultivaron o galego, con maior ou menos presenza desta lingua nas súas páxinas. Estes proxectos tiveron unha vida moi activa mentres as primeiras xeracións de emigrantes estiveron vivas, pero logo foron decaendo, ata quedar só algúns boletíns, iniciativas moi puntuais e, xa na última fase, algúns medios en Internet.

Desta interesante experiencia hai cabeceiras que hoxe aínda non deixan de sorprendernos. Nunha escolma destas iniciativas[2] incluiremos: en Arxentina, *El Eco de Galicia* (1892) – decenal –, *Nova Galicia* (1901) – semanal e quincenal –, *El Heraldo Gallego* (1908) – semanal –, *Céltiga* (1924) – quincenal –, *Acción Gallega* (1920) – mensual –, *A Nosa Terra* (1942) – irregular –; en Cuba, *La Gaita Gallega* (1872) – semanal –, *El Eco de Galicia* (1878) – semanal –, *A Gaita Gallega* (1885) – a primeira en galego –, *Galicia Moderna* (1885) – semanal –, *La Tierra Gallega* (1894) – bisemanal e logo semanal, *Galicia* (1902) – semanal –, *Heraldo de Galicia* (1919) – primeiro semanal e logo quincenal –; *Nós* (1921) – mensual, en galego –...; e en Uruguai, *La Unión Gallega* (1881), *La Voz de Galicia* (1880), *El Eco de Galicia* (1882), *El Heraldo Gallego* (1889), *El Gallego* (1895), *Galicia Nueva* (1918), *Alma Gallega* (1919), *Alfar* (1929), ou *Arazúa* (1929), entre outras.

Estas iniciativas da primeira metade do século XX non conseguiron, sen embargo, chegar con forza a segunda metade do século, entrando no escenario da industria dos medios de comunicación, e así ter continuidade na actualidade. A medida que as comunidades facían o inevitable relevo xeracional, as segundas e terceiras xeracións xa perdían interese polas publicacións. E, nos casos nos que houbo preocupación por ter presenza nos medios de comunicación, optaron por entrar na industria de medios deses países que os acolleron e onde nese momento xa estaban establecidos e sen proxectos para regresar a Galicia.

Esta vitalidade da prensa galega nos países de América do sur na primeira metade do século XX contraponse coa escasa presenza de iniciativas na América do norte e, especialmente, en USA e Canadá, onde outras comunidades próximas – é o caso da portuguesa e, dentro desta, a azoriana – sí promoveron importantes medios de comunicación, algúns dos cales seguen tendo importancia aínda na actualidade – conseguiron dar o salto a industria dos medios e manter proxectos "étnicos" con vitalidade –. O motivo desta vitalidade comunicativa portuguesa débese a forte presenza de emigrantes deste país na Costa Este de Estados Unidos de Norteamérica e Canadá, cousa que non acontece no caso galego, onde a finais do XIX e principios do XX houbo moi pouca emigración a USA – só houbo certas saídas entre 1920-1940 con este destino, así como na década dos cincuenta, sobre todo, a Nova York e Nova Jersey –.

Na análise do que aconteceu no campo xornalístico dos galegos emigrados constátase algún dato que mostra a ausencia de condicións para ter actividade nos

---

[2] A relación máis completa das publicacións galegas na emigración é a que figura no "Repertorio da prensa galega na Emigración" –Vicente Peña Saavedra (dir.)–, do Arquivo da Emigración Galega, no Consello da Cultura Galega. Esta institución conta con exemplares en papel dalgunhs publicacións e con copia dixitalizada de boa parte deses fondos, que garda na sección hemerográfica do Arquivo da Emigración Galega.

medios de comunicación. De feito, hai algúns casos de emigrantes que participaron activamente no Xornalismo en América do Sur e que, cando estiveron en USA, apenas tiveron actividade xornalística. E o caso do xornalista Manuel Vázquez Castro (1840-1885), cunha importante obra en Cuba (1862-1871) e Bos Aires (1872--1884), que, sen embargo, en USA traballou como docente – a súa estadía neste país foi duns meses no ano 1871 –. As escasas publicacións que se editaban e a barreira do idioma contribuíron a manter este panorama de baixa actividade xornalística dos galegos emigrados. Só logo de 1936, cando chegaron algúns exiliados que se integraron na Universidade ou noutras actividades docentes, houbo unha maior presenza dos galegos nos medios, pero sempre con artigos na prensa editada en castelán ou nas publicacións dos centros/casas de Galicia que optaban por esta vía.

Algúns dos galegos con máis actividade no campo xornalístico e no campo do activismo agrario mesmo viviron á marxe dos medios en USA. O caso máis significativo foi o do xornalista e líder agrario Basilio Álvarez Rodríguez, que chegou a Tampa no ano 1942. Morreu nesta localidade no ano 1943. As condicións nas que chegou e o pouco tempo contribuíron a que non interviñese no campos dos medios de comunicación nos Estados Unidos de Norteamérica.

A proxección actual

De toda esta rica experiencia de medios na emigración e dos medios que se crearon no interior bebe aínda hoxe o sistema mediático galego actual. Foi no interior onde se creou unha industria arredor dos medios impresos, que logo tivo continuidade arredor dos audiovisuais, e onde se forxou un sistema que procurou manter algúns lazos con esas comunidades de emigrantes, aínda que non moitos. En todo caso, houbo diferentes polos na configuración dese sistema, que evolucionou ate ter unha estructura consolidada a final do século XX e que se mantén na primeira década do século XXI.

En Galicia, a finais do ano 2009, cando alguén acode a un punto de venda de prensa para mercar un xornal pode escoller entre unha serie de diarios editados na Comunidade escritos en castelán, diarios editados fóra de Galicia, tamén, en castelán, ou pode decantarse por leva-lo único xornal de información xeral que emprega o galego como lingua de cabeceira. Non existe, polo tanto, a opción de elixir entre xornais en galego ou xornais en castelán. *Galicia Hoxe*, fundado o 17 de maio de 2003 e sucesor de *O Correo Galego*, é o único dos trece diarios[3] que se editan en Galicia que emprega o galego en tódalas súas páxinas. No caso dos gratuítos, a situación é moi similar, e só *LV. De Luns a Venres* – pertencente ó Grupo

---

[3] Os xornais que se editan en castelán en Galicia son *La Voz de Galicia, Faro de Vigo, Atlántico Diario, El Progreso, Diario de Pontevedra, La Opinión de A Coruña, Diario de Bergantiños, La Región, Diario de Arousa, El Ideal Gallego, Diario de Ferrol* e *El Correo Gallego* (do mesmo grupo editorial que *Galicia Hoxe*).

El Progreso e publicado por primeira vez o 21 de decembro de 2006 – aposta pola lingua galega para achegarlle a información ós seus lectores.

Con respecto ás publicacións periódicas, cómpre salienta-la existencia de tres cabeceiras de información xeral – *A Nosa Terra*, *A Peneira* e *Tempos Novos* – e dúas de carácter cultural – *Grial* e *A trabe de ouro* – escritas integramente en galego. O semanario *A Nosa Terra*, símbolo do nacionalismo galego, pasou por distintas etapas dende os seus comezos como voceira das Irmandades da Fala ata o seu renacemento a finais da década dos setenta. Na actualidade, afronta a celebración do seu centenario con importantes cambios de deseño e coa posta en marcha dunha edición dixital diaria. *A Peneira* edítase en Ponteareas dende 1984 e é a publicación comarcal activa máis antiga de cantas se crearon despois de 1975. Publícase cada quince días e dende hai uns anos conta tamén cun suplemento mensual que abrangue as zonas de Vigo, o Baixo Miño e o Val Miñor.

Tempos Novos. Revista mensual de información para o debate edítase dende 1997 en Santiago de Compostela. Dende finais de 2006, xunto a *Tempos* distribúese trimestralmente o suplemento literario *Protexta*. *Grial* é unha revista viguesa trimestral editada por Galaxia dende 1950 – cun paréntese de dez anos, entre 1952 e 1962, imposto pola censura – na que se tratan temas culturais e na que se informa sobre a realidade de Galicia. Por último, *A trabe de ouro*, tamén trimestral e nacida ó abeiro dunha gran editorial – neste caso Sotelo Blanco – edítase en Santiago de Compostela dende 1990 e publica nas súas páxinas tanto artigos de análise sociopolítica coma textos literarios ou noticias sobre a actualidade cultural.

No tocante ós medios audiovisuais, o primeiro paso na normalización da lingua deuna Radio Popular a principios dos oitenta, emitindo toda a súa programación en galego (Pousa, 1995: 88). Agora, só a *Televisión de Galicia* e a *Radio Galega* – pertencentes á Compañía Radio-Televisión de Galicia – emiten en galego as vintecatro horas do día. A súa contribución á difusión da lingua e a cultura galegas queda establecida nos principios xerais de programación do ente público, onde tamén se subliña o feito de que "a *Radio* e a *TV de Galicia* secundan as tarefas de normalización da lingua, difusión da propia cultura e defensa do patrimonio artístico e histórico do país" (1986: 8).

Este breve percorrido histórico mostra, pois, fortalezas e debilidades do sistema mediático galego ao longo da historia, con poucos medios en galegos e unha importante rede de medios en castelán nas distintas fases. Foi así como chegamos ao actual modelo, cunha rede estable de medios en castelán e cunha pequena rede de medios en galego, coa Televisión de Galicia e a Radio Galega como cabeza de cartel dos medios públicos, e con *Galicia Hoxe*, *ADN-LV* e *A Nosa Terra* como elementos centrais do modelo de medios privados en galego.

A modo de conclusión

Da experiencia mediática galega na emigración hoxe queda pouco, pero máis do que parece a primeira vista. Seguen editándose algúns boletíns e algunhas publicacións, emítese algún programa de radio e hai iniciativas na rede. En todo caso, amais do que aínda é tanxible – eses boletíns, programas, páxinas web...-, tamén perviven os ecos da experiencia mediática galega en América e o coñecemento acumulado nesa experiencia, que incidiu na propia evolución dos medios do interior. Agora, en pleno século XXI, hai iniciativas para recuperar iniciativas de comunicación, aínda que a maioría destes proxectos ten na rede o seu principal punto de enlace e conexión.

Quizá sexa ese coñecemento adquirido nesa experiencia un dos importantes activos que agora se poderán aproveitar, xusto cando de está producindo unha reconfiguración do sistema mediático galego no marco dunha reordenación do sistema mediático mundial e de importantes mudanzas en tódolos procesos comunicativos. Agora, neste escenario comunicativo que vive baixo a alongada sombra da mundialización, hai necesidade de producón de mensaxes desde a proximidade para logo entrar no escenario da difusión mundial para un acceso en calquera momento e desde calquera lugar. E, para afrontar estes desafíos, precísanse proxectos "colaborativos" que descansen sobre diversos focos e, polo tanto, que conformen un modelo multipolar. Para ese modelo, nas experiencias de medios impresos en Galicia no último século hai moitas claves que poden resultar útiles.

Bibliografía

BARREIRO FERNÁNDEZ, Xosé Ramón (1991). *Historia contemporánea. Ensino e cultura. Tomo VI.* A Coruña: Hércules de Ediciones.

DE JUANA LÓPEZ, Jesús/VÁZQUEZ GONZÁLEZ, Alejandro. (2005). *Población y emigración en Galicia.* En: *Historia contemporánea de Galicia.* Barcelona: Ariel.

HERMIDA GULÍAS, Carme (1992). *Os precursores da normalización.* Vigo: Xerais.

PEÑA SAAVEDRA, Vicente (1998) (dir.). *Repertorio da prensa galega da emigración.* Santiago: Consello da Cultura Galega/Arquivo da Emigración Galega.

POUSA ESTÉVEZ, Xosé Ramón (1995). *El sistema radiofónico gallego.* Tese de doutoramento. Universitat Autònoma de Barcelona.

VILLARES PAZ, Ramón/ARTIAGA REGO, Aurora. (2007). *Estancamento económico e mudanzas sociais.* En: A gran *Historia de Galicia. Galicia no século XIX. Tomo XII.* A Coruña: Edición La Voz de Galicia.

VILLARES PAZ, Ramón (1980). *Edad contemporánea.* En: *Historia de Galicia.* Madrid: Alhambra.

ZUBILLAGA BARRERA, Carlos (1996). *A prensa galega de inmigración en Uruguai.* Santiago: Consello da Cultura Galega.

A imprensa portuguesa na Costa Leste dos Estados Unidos[*]

MANUEL ADELINO FERREIRA[**]

Embora a presença portuguesa na América seja muito anterior à chegada de Cristóvão Colombo, a emigração regular de portugueses dos Açores para a Costa Leste dos Estados Unidos começou no século dezoito e esteve relacionada com a indústria da baleação, então a principal actividade económica de muitas comunidades marítimas, como a cidade de New Bedford, no estado de Massachusetts.

Os navios baleeiros que zarpavam de New Bedford e de outros portos da Nova Inglaterra em direcção ao Atlântico Sul, faziam escala nos Açores para se reabastecerem de água e outros mantimentos essenciais. Lá, alguns homens locais juntavam-se à tripulação dos navios no regresso à América. Após a chegada, alguns continuavam a dedicar-se à actividade da caça à baleia, enquanto outros procuravam outras ocupações, especialmente as relacionadas com a agricultura, a que estavam acostumados nas suas terras de origem.

A revolução industrial do início do século vinte trouxe milhares de imigrantes da Europa para a América, a maioria de países do Norte. Crê-se que mais de 150 000 portugueses, a maior parte das ilhas dos Açores, também emigraram para os Estados Unidos. Muitos fixaram-se em Massachusetts e Rhode Island, mas alguns foram para a Califórnia.

Os portugueses não encontraram dificuldades em adaptar-se ao trabalho fabril, uma vez que estavam acostumados a trabalhos árduos. Graças a eles, a

---

[*] Texto originalmente publicado no livro "Capelinhos – As Sinergias de um Vulcão (Emigração Açoriana para a América), edição comemorativa do 50º. Aniversário do Vulcão dos Capelinhos, editado pela *Portuguese Heritage Publications of California, Inc.*, Tony Goulart, coordenador.
[**] Director do jornal *Portuguese Times*, New Bedford, EUA, à data do Colóquio.

comunidade prosperou rapidamente. Foi nessa altura, final do século XIX e nas primeiras duas décadas do século XX, que muitas associações, grupos teatrais, igrejas e jornais foram criados.

De acordo com o historiador Miguel Figueiredo Corte-Real, o primeiro jornal de língua portuguesa – uma publicação chamada *Jornal de Notícias* – foi publicado em Erie, Pensilvânia em 1877, sob a direcção de João M. Vicente, um açoriano da ilha das Flores, que abandonou um navio baleeiro ao chegar a Boston. Em Massachusetts, o pioneiro dos jornais em língua portuguesa foi Manuel das Neves Xavier, que, com 19 anos de idade, em 1872, deixou a ilha do Pico a bordo de um navio baleeiro. Em 1884, fundou o jornal semanário *A Civilização*. Mais tarde, de parceria com outros, viria a publicar vários jornais e revistas.

No início do século XX, até fins da década de 1920, surgiram várias publicações em língua portuguesa. Em determinada altura, em New Bedford chegou a publicar-se mais de 10 jornais, alguns de duração efémera. Um destes jornais foi o *Alvorada*, semanário fundado em 1900. Dezassete anos depois, foi adquirido por Guilherme Luiz, um empresário muito dinâmico natural da ilha Terceira, que também fundou o Luzo Bank. *Alvorada* passou a jornal diário, primeiro com o título de *Alvorada Diária* e, mais tarde, *Diário de Notícias*, sob a direcção de António Vieira de Freitas, genro de Guilherme Luiz. O jornal sobreviveu à Grande Depressão e continuou a publicar-se até 1973. Na década de 1930, o jornal foi adquirido por João Rodrigues Rocha, um português do Minho que emigrara primeiro para o Brasil e depois para os Estados Unidos.

Durante muitos anos, o *Diário de Notícias* foi o único jornal diário em língua portuguesa publicado fora de Portugal e do Brasil. Pouco tempo depois de cessar a sua publicação faleceu, mas não antes de vender o que restava do jornal a Seabra da Veiga, um médico de Connecticut e cônsul honorário de Portugal naquele estado. Os planos do Dr. Seabra da Veiga para fazer ressuscitar o *Diário de Notícias* desmoronaram-se com a revolução de 25 de Abril de 1974, que alterou o sistema político em Portugal.

A crise económica dos anos 20 e 30 do século XX e a eclosão da II Guerra Mundial fizeram reduzir a emigração para os Estados Unidos e a comunidade estagnou. As suas organizações e outras iniciativas de índole cultural, tais como jornais, sofreram com a falta de «sangue novo», e algumas sucumbiram.

Em 1957, uma erupção suboceânica na ilha do Faial – o Vulcão dos Capelinhos – contribuiu para alterar a situação. Ao abrigo de legislação especial aprovada pelo Congresso dos Estados Unidos, centenas de famílias, directa e indirectamente afectadas pela erupção vulcânica, que destruiu muitas casas e tornou incultiváveis centenas de hectares de terreno, foram autorizadas a emigrar para a América. Isto, conjugado com alterações às leis de imigração, que aumentaram as quotas de vistos atribuídas aos países do Sul da Europa, contribuiu para aumentar significativamente o número de portugueses que emigraram para os Estados Unidos a partir de meados da década de 1960 até meados da década de 1970. No ano de 1968 mais de 10 mil açorianos emigraram para os Estados Unidos. Calcula-se que naquelas duas décadas mais de 200 000 portugueses emigraram para os Estados Unidos. Esta nova onda de imigrantes, alguns jovens e com um nível médio de instrução superior aos imigrantes do passado, contribuiu para a revitalização das organizações de carácter social, cultural, recreativo e desportivo já existentes e para a criação de muitas outras, incluindo órgãos de comunicação social, jornais e programas de rádio e de televisão.

No mesmo ano (1973) em que o único jornal diário em língua portuguesa na Nova Inglaterra, o *Diário de Notícias*, deixou de publicar-se, o *Portuguese Times*, que havia sido fundado em Newark, New Jersey, em 1971, transferiu-se para New Bedford, Massachusetts. Os dois eventos – a cessação da publicação do *Diário de Notícias* e a transferência para New Bedford do *Portuguese Times* – não têm qualquer relação entre si. O *Portuguese Times* foi adquirido em Novembro de 1972 por António Alberto Costa que, na altura, era o director da estação de rádio em língua portuguesa WGCY. Deixou a direcção da WGCY no Verão de 1973 e assumiu a direcção do *Portuguese Times*, transferindo-o para New Bedford, onde ainda hoje tem a sua sede. O *Portuguese Times* é propriedade de *The Portuguese Times, Inc.*, uma corporação presidida, por muito tempo, por Joseph E. Fernandes, recentemente falecido. Presentemente, a empresa é presidida por Eduardo Sousa Lima.

Outros jornais em língua portuguesa surgiram nos anos 70 do século XX. Um destes jornais foi o *Jornal de Fall River*, fundado em 1974 por Raimundo Canto e Castro, ex-funcionário da WGCY e do *Portuguese Times*. Mais tarde, as palavras Fall River foram omitidas do título, passando a ser simplesmente *O Jornal*. Mudou de dono por várias vezes e chegou a ser propriedade da cadeia Ottaway Newspapers, proprietária de vários jornais, entre os quais o *The Standard Times* de New Bedford. Hoje, *O Jornal* é um semanário bilingue de distribuição gratuita, propriedade da Gate House Media Company Newspaper, publicado em Fall River.

Em 1975 surgiu em Bristol, estado de Rhode Island, um outro jornal em língua portuguesa, o *Azorean Times*, defensor da idependência dos Açores e com ligações à FLA (*Frente de Libertação dos Açores*), organização muito activa entre alguns grupos de açorianos residentes em Fall River e Rhode Island. Mais tarde, o seu director e fundador, António Matos, um imigrante do Faial, mudou o nome para *Comunidade* para abranger um maior número de leitores. Em finais da década de 1970, o jornal foi adquirido por José Baptista e sua mulher Carolina Matos, que mudaram o nome para *Portuguese American*, cessando a sua publicação em meados da década de 1990.

Surgiram outras publicações que tiveram vida curta. Uma destas publicações foi *A Chama,* uma iniciativa do então presidente da Assembleia Geral do Clube União Faialense, de New Bedford, Manuel Medeiros, um imigrante da ilha do Faial, onde era faroleiro. *A Chama* começou por ser um boletim do Clube União Faialense, mas divergências entre os membros do clube originaram o cancelamento dos planos originais e Manuel Medeiros decidiu prosseguir com a publicação por sua conta. Publicou-se por alguns anos, mas nunca conseguiu impor-se na comunidade.

Novo Mundo, publicado em New Bedford no início da década de 1980 por Manuel Garcia, um padre católico do Faial, foi uma revista que nunca chegou a ter grande distribuição. Menos bem sucedido foi o semanário *O Infante* publicado em 1995 por Carlos Rodrigues, um controverso locutor de rádio. Durou apenas alguns meses.

Estádio foi um semanário desportivo fundado por Afonso Costa nos anos 1980s. Foi muito popular entre os amantes do futebol quando a LASA (Luso-American Soccer Association) era uma bem estruturada associação de futebol.

O maior jornal de língua portuguesa é o *Luso-Americano,* que se publica em Newark, New Jersey.

Se a onda de emigração dos anos 60 e 70 do século passado teve um grande impacto na revitalização da comunidade lusa nos Estados Unidos, designadamente no estabelecimento de órgãos de comunicação social, estes têm ajudado os imigrantes a adaptarem-se ao novo modo de vida, divulgando informação essencial e útil, facilitando assim a sua integração na nova sociedade. Ao mesmo tempo, os órgãos de comunicação social em língua portuguesa actuam como um importante elo de ligação entre as terras de origem e o nosso país, contribundo assim para manter viva a língua e cultura portuguesas.

Interessante notar que os jornais conseguiram atrair um número considerável de leitores, muito superior ao total do número conseguido pelos oito ou nove (?) jornais diários que se publicam nos Açores. Pode-se afirmar, com segurança, que a maioria dos leitores dos jornais das comunidades portuguesas nunca foi assinante (ou até mesmo leitor) de um único jornal nos Açores.

Esta "aliança" entre os meios de comunicação portugueses e a comunidade imigrante foi (é) de benefício mútuo. Se os primeiros não podem existir sem os imigrantes, as comunidades portuguesas também colheram (colhem) benefícios de terem ao seu dispor os serviços destes órgãos de comunicação social.

IV

EMIGRAÇÃO, ECONOMIA E RECURSOS HUMANOS NOS EUA

Os portugueses dos EUA em 2006 – Características demográficas, sociais e económicas

MARIA GLÓRIA DE SÁ[*]

Introdução

A emigração portuguesa para os Estados Unidos é, sobretudo, uma emigração açoriana que ocorreu em duas vagas. A primeira começou com a fase da baleação em fins do século 18, mas está sobretudo associada ao desenvolvimento industrial da Nova Inglaterra no fim do século 19, princípio do século vinte. Culminando durante a década de 1910-1920 com cerca de 82,500 pessoas, esta fase terminou nos princípios dos anos vinte do século passado com a passagem dos *National Origins Acts* que estabeleceram um sistema de quotas em que Portugal tinha direito a apenas algumas centenas de imigrantes por ano. Em resultado destas leis, a emigração Portuguesa para os Estados Unidos entrou numa fase a que Leo Pap (1981) chamou de "dormência". Durante este período de mais ou menos 30 anos apenas um pequeno número de emigrantes seguiu para os Estados Unidos e muitos regressaram a Portugal, sobretudo aos Açores, muitas vezes acompanhados de cônjugues e filhos nascidos na América. Os que permaneceram nos Estados Unidos empregavam-se principalmente nas fábricas da costa leste e na agro-pecuária da Califórnia.

A segunda vaga emigratória atingiu o seu auge por volta de 1970 e foi consideravelmente superior à primeira. Entre 1970 e 1979, por exemplo, 104.754 portugueses entraram nos Estados Unidos (Figura 1). Este surto começou com

---

[*] Ph.D. *Department of Sociology, Anthropology, & Crime and Justice Studies. Faculty Director, Ferreira-
-Mendes Portuguese American Archives, University of Massachusetts Dartmouth*, USA. mdesa@umassd.edu

a passagem do *Azorean Refugee Acts* de 1958, que permitiu aos indivíduos afectados pela erupção do Vulcão dos Capelinhos emigrar para os Estados Unidos como refugiados. No entanto, deveu-se sobretudo da liberalização das leis de imigração americanas resultantes da passagem do *Immigration and Naturalization Act* de 1965, que aboliu as quotas nacionais substituindo-as por uma política de reunificação familiar.

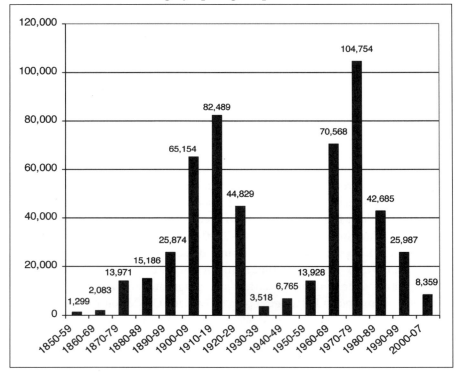

FIGURA 1 – Emigração portuguesa para os EUA: 1850-2007

Fonte: *2007 Yearbook of Immigration Statistics.*

Como notou Jerry Williams (2005) os emigrantes da segunda vaga não eram muito diferentes dos da primeira no que diz respeito às suas origens e características socio-demográficas. Eram, maioritariamente, famílias jovens de origem rural com um baixo grau de instrução. Por exemplo, do total dos que chegaram entre 1965 e 1980, 38% possuíam apenas quatro anos ou menos de escolaridade – o mais baixo nível de todos os países representados na imigração americana desse período com excepção do Laos.

Os imigrantes da segunda leva assemelharam-se também aos que os precederam em termos dos locais onde se radicaram e os tipos de profissões que foram ocupar, apesar de darem certa preferência aos centros urbanos da costa leste. Assim, de modo geral, os emigrantes pós-Capelinhos não alteraram significativamente a distribuição geográfica ou ocupacional dos portugueses no país. Visto ser esta uma imigração baseada na reunificação familiar, os novos imigrantes obtinham casa e emprego através de famíliares ou conhecidos o que deu lugar a um alto nível de concentração geográfica e ocupacional, tornando os Portugueses o menos assimilado dos grupos europeus (Lieberson and Waters 1988). Todavia, nas últimas duas décadas do século vinte esta situação viria a alterar-se em resultado duma forte quebra na corrente migratória. Enquanto que na década de 70 chegavam aos Estados Unidos cerca de 10.500 portugueses por ano, na década de 90 a média anual caiu para 2.600. Esta tendência decrescente continuou até aos nossos dias e entre 2000 e 2007 apenas 8.359 imigrantes legais deram entrada no país, o que equivale a uma média de pouco mais de mil (1.045) por ano.

Ao mesmo tempo que se assistia a esta redução do fluxo migratório português, dava-se nos principais locais de acolhimento dessa emigração um processo de restruturação económica que forçou os portugueses a abandonar os seus históricos nichos ocupacionais, ou seja as fábricas e a agricultura. As pequenas explorações agrícolas tornaram-se economicamente inviáveis e as fábricas mudaram-se para regiões do globo onde a mão de obra era mais barata e menos exigente. Ao mesmo tempo, chegavam a essas comunidades de acolhimento outros grupos de imigrantes dispostos a trabalhar por salários mais baixos e a desempenhar as profissões menos desejáveis. Esta alteração dos padrões migratórios e económicos causou mudanças significativas no perfil demográfico, social e económico da população portuguesa e luso-descendente nos Estados Unidos. Este estudo usa dados do *American Community Survey* (ACS) de 2006 para calcular as características demográficas, sociais e económicas dos portugueses dos Estados Unidos ao darmos entrada no século 21. A amostra é de nível nacional e contém dados individuais de 10.632 pessoas de ascendência portuguesa, incluindo imigrantes e luso-descendentes. Embora se trate da mais recente e representativa amostra sobre esta população, como quaisquer outros resultados baseados em amostragens os números apresentados são apenas estimativas e sugeitos aos erros inerentes a este tipo de estudos.

Características Demográficas e Sociais
Demograficamente, dois dos principais efeitos da baixa do fluxo migratório dos últimos anos foi a redução da proporção de imigrantes entre a população de origem portuguesa e o envelhecimento dessa mesma população, como indicam os quadros seguintes. Se em 1990 os imigrantes constituiam ainda 26% da população

QUADRO 1 – Indvíduos de origem portuguesa segundo a naturalidade: 2006

Cada célula contém: – Percentagem da coluna – Percentagem da fila – Estimativa de N	Sexo		TOTAL
Local de Nascimento	Masculino	Feminino	
Portugal	18,3 51,0 96.373	17,4 49,0 92.551	*17,9* *100,0* *188.924*
Estados Unidos	76,3 49,8 401.170	76,1 50,2 404.508	*76,2* *100,0* *805.678*
América do Sul	3,4 43,0 17.918	4,5 57,0 23.704	*3,9* *100,0* *41.622*
Outro	1,9 48,7 10.218	2,0 51,3 10.750	*2,0* *100,0* *20.968*
TOTAL	*100,0* *49,7* *525.679*	*100,0* *50,3* *531.513*	*100,0* *100,0* *1.057.192*

portuguesa nos Estados Unidos (Mulcahy 2003), em 2006 dessa população estimada em 1.057.192 (Quadro 1) apenas cerca de 18%, ou mais ou menos 189.000 pessoas, tinham nascido em Portugal. Mais de dois terços, ou seja, cerca de 76% da população portuguesa, tinha nascido dos Estados Unidos. É também interessante notar que os 6%restantes que se identificaram como sendo maioritariamente de etnia portuguesa eram oriundos da América do Sul e de outras partes do mundo, reflectindo a longa história da diáspora portuguesa.

Como indica o Quadro 2, em 2006 a população imigrante portuguesa era uma população extremamente envelhecida. Nesse ano, o imigrante português nos Estados Unidos tinha, em média, 50,6 anos de idade. Apenas 2% dos nascidos em Portugal tinha idades inferiores a 20 anos, enquanto que 76% tinha 40 anos ou mais. Em contrapartida, a população luso-descendente era relativamente jovem (média de 34,9 anos de idade), com cerca de 60% dos seus membros com idades inferiores aos 40 anos.

A quebra do fluxo migratório reflectiu-se também nas características residenciais dos imigrantes e luso-descendentes, sobretudo na duração de residência dos imigrantes no país de acolhimento e na distribuição geográfica de imigrantes e nativos. Assim, como se pode ver no Quadro 3, em 2006 a maioria (76,5%) dos nascidos em Portugal já vivia nos Estados Unidos há mais de vinte anos. Apenas cerca de 5% se encontrava no país há cinco anos ou menos.

QUADRO 2 – Indvíduos de origem portuguesa – Segundo a naturalidade e grupo etário: 2006

Cada célula contém: – Percentagem – Estimativa de N	País de Nascimento	
Grupo Etário	Portugal	Estados Unidos
0-19	2,0 3.750	28,8 232.317
20-39	21,9 41.332	31,3 251.901
40-59	48,8 92.178	25,1 201.872
60-79	23,1 43.590	11,0 88.978
80-95	4,3 8.074	3,8 30.610
Idade Média	50,6	34,9

QUADRO 3 – Duração de residência nos Estados Unidos: 2006

Cada célula contém: – Percentagem – Estimativa de N	País de Nascimento
Anos a Residir nos Estados Unidos	Portugal
0-5	4,8 9.156
6-10	4,0 7.473
11-15	3,9 7.303
16-20	10,8 20.430
21+	76,5 144.562
TOTAL	*100,0* *188.924*

Devido ao carácter familiar da imigração portuguesa, em que parentes já radicados "mandam chamar" futuros imigrantes, em 2006, os estados de destino tradicional da emigração açoriana, ou seja, Massachusetts, California e Rhode Island continuavam a ser o local de residência de cerca de 60% dos imigrantes portugueses (Quadro 4). No entanto, é importante notar a preferência pela costa leste.[1]

---

[1] Presentemente, a zona metropolitana com maior número de pessoas nascidas em Portugal é a área de Newark/New York.

QUADRO 4 – Indvíduos de origem portuguesa – Segundo a naturalidade e estado de residência: 2006

Cada célula contém: – Percentagem – Estimativa de N	País de Nascimento		TOTAL
Estado de Residência	Portugal	Estados Unidos	
California	17,1 32.397	29,5 237.487	27,1 269.884
Connecticut	5,4 10.124	3,6 28.652	3,9 38.776
Florida	3,4 6.339	4,5 36.601	4,3 42.940
Massachusetts	32,2 60.769	22,9 184.825	24,7 245.594
New Jersey	16,7 31.638	3,4 27.180	5,9 58.818
New York	8,5 16.143	2,7 21.570	3,8 37.713
Rhode Island	10,2 19.348	7,7 61.854	8,2 81.202
Other	6,4 12.166	25,8 207.509	22,1 219.675
TOTAL	100,0 188.924	100,0 805.678	100,0 994.602

Em 2006, cerca dum terço (32,2%) dos imigrantes portugueses nos Estados Unidos viviam no estado de Massachusetts. Outro terço estava dividido entre a California (17,1%) e New Jersey[2] (16,7%). Os restantes, com excepção de apenas 6% do total, residiam nos estados de Rhode Island (10,2%), New York (8,5%), Connecticut (5,4%) e Florida (3,4%).

Entre os luso-descendentes, a concentração residencial é muito menor, se bem que, tal como os imigrantes, 60% deles vivam em apena três estados – Califórnia (29,5%), Massachusetts (22,9%), e Rhode Island (7,7%).[3] No entanto, é de assinalar que cerca de 26% vivem fora dos sete estados onde reside a quase totalidade dos imigrantes.

---

[2] Se bem que não existam dados específicos, é comummente assumido que a maioria dos portugueses residentes no estado de New Jersey é de origem continental.

[3] Em 2006, a zona metropolitana que continha maior número de luso-descendentes era a de Providence/Pawtucket/Fall River e New Bedford, uma área que abrange parte dos esdos de Rhode Island e Massachusetts.

**QUADRO 5 – Indvíduos de naturalidade portuguesa
segundo o estado de cidadania americana: 2006**

Estado de Cidadania	Cada célula contém: – Percentagem – Estimativa de N
Naturalizado americano	62,8 118.602
Filho de pais americanos	1,8 3.423
Não cidadão	35,4 66.899
TOTAL	*100,0* *188,924*

Apesar da acentuada concentração geográfica que caracteriza os portugueses, a longa duração de residência nos Estados Unidos da maioria da população imigrante levou, nas últimas décadas, a um forte processo de assimilação que se reflectiu no seu perfil cívico, linguístico, educacional, ocupacional e económico. Como se pode verificar no Quadro 5, a maioria dos imigrantes portugueses nos estados já tem a cidadania americana. Cerca de 63% obtiveram este estatuto através da naturalização e cerca de 2% pelo facto de serem filhos de cidadãos americanos.

Todavia, apesar das proteções e regalias conferidas pela cidadania e das várias campanhas de naturalização levadas a cabo pela FLAD[4] e por outros grupos locais, em 2006, 35,4% dos emigrantes portugueses nos Estados Unidos não eram cidadãos americanos.

Linguisticamente (Quadros 6 e 7) a assimilação é ainda mais notável. Cerca de 93% dos imigrantes portugueses fala inglês (Quadro 6). Mais ou menos metade falam-no bem ou muito bem e 13% falam exclusivamente inglês. Em 2006, apenas 7% disse não falar inglês.

Em casa (Quadro 7), 85% dos nascidos em Portugal ainda falam a língua portuguesa, mas quase 13% falam inglês e, curiosamente, 2,5% falam espanhol. Dado o facto que a maioria dos imigrantes domina a língua inglesa, não é de estranhar que apenas uma pequena percentagem transmita aos filhos o uso do português. Entre os luso-descendentes, apenas 12% fala português em casa.

Quanto à educação, se tivermos em consideração que em 1980 apenas 3% dos nascidos em Portugal e 12% dos luso-descendentes possuiam quatro ou mais anos do ensino superior, podemos dizer que nos últimos 25 anos o nível educacional dos luso-americanos registou um aumento significativo. Em 2006 (Quadro 8)

---

[4] Fundação Luso-Americana para o Desenvolvimento. www.flad.pt.

QUADRO 6 – Indvíduos de naturalidade portuguesa segundo a capacidade de falar inglês: 2006*

Capacidade de falar inglês	Cada célula contém: – Percentagem – Estimativa de N
Não fala inglês	7,1 13.414
Fala exlusivamente inglês	12,8 24.202
Sim, fala muito bem	38,9 73.507
Sim, fala bem	21,5 40.675
Fala, mas não muito bem	19,6 36.987
TOTAL	*100,0* *188.785*

* Indivíduos com 5 ou mais anos de idade,

QUADRO 7 – Indivíduos de origem portuguesa segundo a naturalidade e língua falada em casa: 2006*

Cada célula contém: – Percentagem – Estimativa de N	País de Nascimento	
Língua Falada em Casa	Portugal	Estados Unidos
Inglês	12,8 24.202	85,3 634.232
Português	84,6 159.742	12,3 91.285
Espanhol	2,5 4.669	1,6 11.715
Outra	0,1 172	0,8 6.086
TOTAL	*100,0* *188.785*	*100,0* *743.318*

* Indivíduos com 5 ou mais anos de idade

cerca de 8% dos imigrantes e 22% dos luso-descendentes eram detentores de pelo menos o grau de licenciados (*Bachelor's degree*), o que significa um aumento de 100% para os imigrantes e de 83% para os luso-descendentes. Apesar deste aumento, os portugueses, sobretudo os imigrantes, continuam a registar um défice educacional significativo em relação à população americana em geral. Segundo estimativas do *U.S. Census Bureau*, 27% dos residentes dos Estados Unidos possuem um grau de instrução igual ou superior à licenciatura e apenas 16% não possuem

QUADRO 8 – Indivíduos de origem portuguesa segundo a naturalidade e nível educacional: 2006*

Cada célula contém: – Percentagem – Estimativa de N	País de Nascimento		TOTAL
Nível Educacional	Portugal	Estados Unidos	
Inferior ao décimo segundo (< 12 anos)	42,8 76.602	10,9 54.886	19,3 131.488
Diploma do ensino secundário (12 anos)	37,3 66.709	36,1 181.292	36,4 248.001
Superior imcompleto (12>16 anos)	12,0 21.503	30,6 153.792	25,7 175.295
Diploma do ensino superior (≥ 16 anos)	7,8 14.010	22,4 112.875	18,6 126.885
TOTAL	*100,0* *178.824*	*100,0* *502.845*	*100,0* *681.669*
* Indivíduos com 25 ou mais anos de idade			

diploma do ensino secundário (*High school diploma*). Se bem que a percentagem de luso-descendentes que não terminou o décimo segundo ano seja inferior à média nacional, a percentagem com quatro ou mais anos do ensino universitário é inferior. Se tivermos em conta apenas os imigrantes, as diferenças são ainda mais desfavoráveis. Apenas 8% possui licenciatura e 43% não tem o diploma do ensino secundário.

Até há pouco, dada a base industrial das comunidades onde vivia a maioria dos portugueses, este défice educacional reflectia, de certo modo, a falta de postos de trabalho que exigissem formação superior. Como disse Gilbert (1989:124) em relação aos residentes de Fall River, aqueles que "iam para a universidade corriam o risco de obter um nível de instrução superior à capacidade de emprego da cidade."[5] Presentemente, se bem que trabalhadores com formação universitária continuem a experimentar dificuldades em obter emprego, as dificuldades são ainda maiores para os que não possuem esta formação. As fábricas, que desde os fins do século dezanove foram o principal ganha-pão dos portugueses, quase desapareceram e estes tiveram que procurar outras formas de ganhar a vida.

Durante um século, a quase totalidade dos portugueses da América era composta por operários ou trabalhadores agrícolas, mas a erosão da base industrial da economia, e o desaparecimento das pequenas explorações agrícolas, forçou grande parte da população a transitar para outro tipo de ocupações. Esta neces-

---

[5] Tradução da autora.

QUADRO 9 – Indivíduos de origem portuguesa segundo a naturalidade e distribuição ocupacional: 2006*

Cada célula contém: - Percentagem - Estimativa de N	País de Nascimento		TOTAL
Categoria Ocupacional[6]	Portugal	Estados Unidos	
Administradores e profissionais especializados	17,4 20.746	27,1 116.685	25,0 137.431
Técnicos, vendas e apoio administrativo	20,8 24.782	32,0 137.801	29,6 162.583
Serviços	18,1 21.608	16,0 69.017	16,5 90.625
Agropecuária, pescas e silvicultura	4,0 4.829	2,3 9.850	2,7 14.679
Operários/empregados qualificados	16,5 19.729	11,2 48.327	12,4 68.056
Operários/empregados não ou semi-qualificados	22,3 26.587	9,8 42.344	12,5 68.931
Outras	0,8 973	1,5 6.476	1,4 7.449
TOTAL	100,0 119.254	100,0 430.500	100,0 549.754

* População activa

sidade, em combinação com o aumento da escolaridade, serviu para melhorar o prestígio ocupacional dos portugueses. Assim, em 2006, se bem que cerca de 28% desta população continuasse a trabalhar nos chamados empregos de "colarinho azul", ou seja, nas ocupações manuais/braçais[7], 25% (Quadro 9, última coluna) ocupavam já a categoria de "administradores e profissionais especializados".

Este aumento do prestígio ocupacional dos portugueses nota-se, sobretudo, entre os luso-descendentes e as mulheres. Segundo os dados fornecidos pelo Quadro 9, em 2006, a categoria ocupacional que registava a maior proporção de imigrantes continuav a ser a dos "Operários/empregados não ou semi--qualificados" com 22,3% do total. No entanto, entre os luso-descendentes a categoria principal era a dos "Técnicos, vendas e apoio administrativo" que compreendia 32% dos inquiridos. Dados não incluídos no quadro indicam que em 2006, para os imigrantes, a principal ocupação era a construção para os

---

[6] A lista das categorias apresentadas foi traduzida do inglês pela autora. Para ver as categorias originais é favor visitar o site da IPUMS em http://usa.ipums.org/usa-action/codes.do?mnemonic=OCC1990.
[7] Este número obtem-se somando as seguintes categorias ocupacionais: "Agropecuária, pescas e silvicultura", "Operários/empregados qualificados" "Operários/empregados não ou semi-qualificados".

QUADRO 10 – Indivíduos de origem portuguesa segundo a naturalidade e a situação perante o trabalho: 2006*

Cada célula contém: – Percentagem – Estimativa de N	País de Nascimento		TOTAL
Classe de trabalhador	Portugal	United States	
Por conta própria	13,4 17.872	10,3 51.087	*10.9* *68,959*
Por conta doutrém	86,6 11.920	89,7 120.474	*89.1* *561,807*
TOTAL	100,0 133.792	100,0 496.974	*100,0* *630.766*

*Indivíduos com 16 ou mais anos de idade que trabalharam nos 5 anos transactos.

homens e o serviço de escritório para as mulheres, enquanto que para os luso--descendentes, as ocupações principais eram a gestão de empresas para os homens e o serviçoo de escritório para as mulheres.

Outra transformação significativa no âmbito do trabalho desde a chegada da imigração pós-Capelinhos foi o aumento do trabalho por conta própria. Quase inexistente 40 anos antes, o auto-emprego contava em 2006 com 13% dos imigrantes e 10% dos luso-descendentes (Quadro 10), sendo a construção civil o sector mais importante desta actividade (de Sá 2008). Esta evolução está associada ao desaparecimento das fábricas que levou a um declínio na oportunidade de obtenção de trabalho assalariado nas àreas onde existe maior concentração de portugueses. Em 2006, os estados com maior incidência de trabalho por conta própria eram a Califórnia e o Connecticut com cerca de 14% do total dos residentes portugueses. No entanto, numericamente, a Califórnia tinha um peso muito mais elevado neste sector dado ser o estado onde a população de origem portuguesa era mais numerosa. Curiosamente, Massachusetts era o estado com a menor taxa de auto-emprego – apenas 7,7%. Esta singularidade deve-se ao facto de, historicamente, a produção fabril ter tido entre os portugueses deste estado e do vizinho estado de Rhode Island um peso relativo superior ao de outras áreas de implantação portuguesa.

Finalmente, há que assinalar que os portugueses dos Estados Unidos, apesar das suas deficiências educacionais, usufruem rendimentos familiares acima da média nacional. Em 2000, por exemplo, quando a média nacional era de cerca de $50.000 dólares, a média dos portugueses era de cerca de $55.000.

Como seria de esperar, em 2006, os rendimentos dos luso-descendentes eram superiores aos dos imigrantes (Quadro 11). Mas não muito diferentes. Curiosamente, a proporção dos menos previligiados, ou seja, os que tinham rendimentos de 25 mil dólares ou menos era igual para os dois grupos – 16%. A proporção

QUADRO 11 – Indivíduos de origem portuguesa segundo a naturalidade rendimento familiar: 2006*

Cada célula contém: – Percentagem – Estimativa de N	País de Nascimento		TOTAL
Rendimento Anual em dólares	Portugal	U.S.A.	
$25.000 ou menos	16,3 30.476	15,8 124.567	*15,9* *155.043*
$25.001-$50.000	23,8 44.547	20,8 163.586	*21,4* *208.133*
$50.001-$75.000	21,5 40.241	21 165.570	*21,1* *205.811*
$75.001-$100.000	14,6 27.291	15 118.060	*14,9* *145.351*
$100.001-$250.000	21,7 40.555	24,7 194.753	*24,2* *235.308*
Mais de $250.000	2,2 4.051	2,6 20.605	*2,5* *24.656*
TOTAL	100 187.161	100 787.141	*100,0* *974.302*

dos mais ricos, ou seja, os que tinham rendimentos superiores a 250 mil dolares era também semelhante – pouco mais de 2%. Nas outras categorias as diferenças não excediam três pontos percentuais. Quase três quartos da totalidade dos portugueses tinham rendimentos familiares acima de 50 mil dólares (Quadro 11) e mais de um quarto rendimentos superiores a 100 mil dólares (22% dos imigrantes e 25% dos luso-descendentes). Este sucesso económico, surpreendente dado o baixo nível educacional do grupo, deve-se, em parte, a uma elevada participação no mercado do trabalho e à concentração dos portugueses em trabalhos de "colarinho azul" bem remunerados, tais como a construção (de Sá e Borges 2009).

Conclusões

Resumindo, a quebra do fluxo migratório português que se tem vindo a verificar desde a década de 80 do século passado, contribuiu para o envelhecimento e a assimilação da população de origem portuguesa residente nos Estados Unidos. Se nos anos 70 desse século os portugueses eram um grupo caracterizado por uma grande percentagem de imigrantes de primeira geração relativamente jovens, e um perfil socioeconómico que o colocavam, sobretudo, na classe trabalhadora, em 2006 o grupo era constituído principalmente por luso-descendentes pertencentes à classe média baixa.

Bibliografia

DE SÁ, Maria Glória (2008), "The Portuguese of the U.S. and Self-Employment: Ethnic and Class Resources or Opportunity Structure?" Narrating the Portuguese Diaspora (1928--2008): International Conference on Storytelling Lisbon, October 23-25.

DE SÁ, Maria Glória and David Borges (2009), "Context or Culture? Portuguese-Americans and Social Mobility." In *Fashioning Ethnic Culture: Portuguese-American Communities Along the Eastern Seaboard*. Kimberly DaCosta Holton and Andrea Klimt, Editors. Dartmouth, MA: Center for Portuguese Studies and Culture, University of Massachusetts, pp. 265-290.

GILBERT, Dorothy A. (1989), *Recent Portuguese Immigrants to Fall River, Massachusetts: An Analysis of Relative Economic Success*. New York: AMS Press.

LIEBERSON, Stanley and Mary C. Waters (1988), *From Many Strands: Ethnic and Racial Groups in Contemporary America*. New York: Russell Sage Foundation.

MULCAHY, Maria Gloria (2003), "The Portuguese of the U.S. from 1880 to 1990: Distinctiveness in Work Patterns Across Gender, Nativity and Place." Ph.D. dissertation, Brown University.

PAP, Leo (1981), *The Portuguese-Americans*. Boston: Twayne Publishers.

STEVEN RUGGLES, MATTHEW SOBEK, TRENT ALEXANDER, CATHERINE A. FITCH, RONALD GOEKEN, PATRICIA KELLY HALL, MIRIAM KING and CHAD RONNANDER (2009), Integrated Public Use Microdata Series: Version 4.0 [Machine-readable database]. Minneapolis, MN: Minnesota Population Center [producer and distributor]. http://usa.ipums.org/usa/

WILLIAMS, Jerry R. (2005), *In Pursuit of Their Dreams: A History of Azorean Immigration to the United States*. North Dartmouth, MA: Center for Portuguese Study and Culture, University of Massachusetts Dartmouth.

Da costa galega a New York.
Un modelo particular de emigración

LUISA MUÑOZ ABELEDO[*]

Introdución

A emigración galega aos Estados Unidos foi escasa a fins do século XIX e nas primeiras décadas do século XX, como tamén o foi a española, xa que non había tradición previa, nin fluxos comerciais relevantes que unirán os portos galegos cos estadounidenses, tampouco atracción idiomática, cultural ou relixiosa[1]. Neste artigo analizamos as orixes da emigración dende a costa galega ao porto de New York, explorando e vinculando nominativamente múltiples fontes -estatísticas, documentación municipal asociativa, censos de poboación, solicitudes de naturalización, libros de pasaxeiros por buques en Ellis Island– o que nos permitirá coñecer mellor cuantitativa e cualitativamente este modelo particular de emigración galega aos Estados Unidos. Para elo ímonos centrar en aspectos de demanda e de oferta de traballo. A elasticidade da oferta de traballo en Galicia, unha rexión, por outra parte, parca en industria, agás a pequena revolución industrial que acontecía na costa, movía e emigrar por razón de subsistencia, pero era pouco común a emigración a Estados Unidos, os principais destinos a principios do século XX eran Cuba e Arxentina. Na dinamización de emigración galega costeira aos Estados Unidos estaría a demanda laboral dun sector económico moi concreto, a mariña mercante, aínda que logo as redes microsociais creadas expandirían a man de obra cara a outros sectores industriais e de servizos.

---

[*] Departamento de Historia Contemporánea e de América, Universidade de Santiago de Compostela.
[1] Carbó Peiró (1990); Rueda (1993); González Briones (1995), Vázquez González (2000), Pérez Rey (2008).

Na primeira sección analizamos as orixes e trazos desta emigración, na segunda veremos algúns aspectos – estratexias familiares, redes migratorias, trazos de emigrantes – mediante un estudio de caso, Bueu.

1. Orixes e trazos sociodemográficos da emigración da costa galega a Estados Unidos

As causas de que a emigración galega, como a española, cara aos Estados Unidos de América fora moi escasa durante o século XIX débese aos seguintes motivos: primeiro, que non estaba dentro das preferencias culturais, idiomáticas, con escasas referencias anteriores. Segundo, que non houbo transportes marítimos regulares entre Galicia e Estados Unidos. Terceiro, a guerra dificultaría as migracións[2]. Por todo o anterior, a emigración galega e española aos Estados Unidos sería residual. De feito, a primeira estatística española de Emigración e Inmigración informaba sobre a presencia de 12.038 españois en Estados Unidos en 1880, dos cales 6917 naceran en Cuba[3].

A comezos do século XX non existían aínda liñas marítimas regulares entre Vigo ou Coruña e New York, pero os emigrantes galegos saían dende portos europeos: Liverpool, Le Havre, Gibraltar e Burdeos, á vez que chegaban aos EUA outros emigrantes españois dende Cuba, México, Centro América, Canadá e illas Hawai[4]. Dende o porto de Liverpool saían homes de mar galegos, funcionando as cadeas profesionais migratorias dende 1911. O *Consejo Superior de Emigración* indicaba dúas razóns para este tráfico singular: ante a carencia absoluta de comunicacións directas dende Galicia a Norteamérica e o menor custe da pasaxe que indo por Cádiz, moitos destes emigrantes optaron por desentenderse da condición legal de emigrantes e, como pasaxeiros de terceira, marchaban a Liverpool, Londres, Southampton ou Plymouth para embarcar a New York[5]. A partir de 1914, a reducción de servizos dende as liñas inglesas que ao retorno de Sudamérica tocaban en Vigo e a Coruña, as dificultades e perigos bélicos e, por fin, o restablecemento de comunicacións españolas directas cos Estados Unidos, reencauzaron parte do fluxo polos portos galegos. De feito, entre 1911 e 1914 Vigo foi o porto galego que mais emigrantes deste tipo embarcou para os Estados Unidos, sobre

---

[2] Ademais, os escasos medios de transporte nesta época non conducían a New York, senón a Nova Orleans. A crise financeira e de sobreprodución que afectou ao comercio internacional debeu repercutir negativamente nesas primeiras iniciativas. Vázquez (2000:110).

[3] Opatrny (1986: 218-218).

[4] Os de México e Cuba eran do Norte e Noroeste, mentres que os de Hawai eran andaluces, anteriormente contratados para traballar no archipiélago, entre os de Canadá predominaban os de Levante, entre os tabaqueiros de Cuba os asturianos, entre os chegados de México os do Norte e Noroeste. CSE, La emigración española transoceánica, 1911-1915, pp. 169-175.

[5] CSE, La emigración española transoceánica, 1911-1915, pp. 314-315.

todo a New York, principal porto de chegada e residencia para os inmigrantes galegos, aínda así na primeira década do século vinte non había ningunha oficina consular estadounidense na cidade[6].

Nas primeiras décadas do século XX, o crecemento económico derivado das grandes transformacións empresariais da Segunda Revolución Industrial, que empregaron man de obra inmigrante pouco cualificada e non sindicada, comeza a existir unha presenza española de importancia relativa. Tratábase esencialmente de homes solteiros que chegaban sós ao país procedentes da península ou que pasaran previamente por outros países americanos, especialmente Cuba ou México[7].

GRÁFICO 1 – Emigración galega para portos a Estados Unidos. 1913

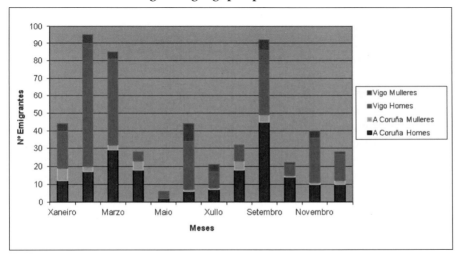

Fonte: Boletín del Consejo Superior de Emigración, 1913

Antes da Primeira Guerra Mundial as mulleres que emigraron a Estados Unidos representaban un trece por cento dos homes (Gráfico 1). Aínda que no período de entreguerras esta porcentaxe aumentaría, especialmente para os concellos litorais onde a importancia cuantitativa desta emigración era maior[8].

---

[6] Vincenti (1908).
[7] Rueda (1993).
[8] Para os concellos de Sada, Bergondo e Oleiros. O segundo lugar de destino escollido, despois de Bos Aires, sería o de Nova York. Cagiao y Pérez (2009:126). En xeral, para Galicia os emigrados eran mais dun 70% homes, aínda que no período posterior á I Guerra Mundial o número de mulleres medrou ata un 40%. Vázquez (2005).

En canto a estrutura profesional, a tardía emigración española e galega aos EUA dificultaba o seu asentamento no sector comercial, que xa estaba copado por inmigrantes europeos máis temperás, polo que os españois (almerienses, alicantinos, galegos) dedicábanse a traballos no agro, e nas infraestruturas:

> "la mayoría a trabajos del campo, carreteras y minas (buena parte de ellos arribaban estacionalmente desde Cuba); los de Santander a canteros y picapedreros, y la emigración de Vizcaya (...) se dirigen al Estado de Colorado, dedicándose allí a pastores y a cuidadores de cortijos"[9].

Asemade, unha grande maioría de españois eran empregados como mariñeiros, fogoneiros, paleiros e engraxadores nos buques da mariña mercante americana e dragas e buques do Goberno americano; na súa maioría eran das provincias de Galicia, Santander e Vizcaia, constituíndo o groso da "Asociación de fogoneros, marineros y camareros españoles en los Estados Unidos" que contaba cuns 6000 membros, dos cales mais de 4000 estaban en New York e Florida[10].

A tardía chegada de españois aos Estados Unidos, agravada co descoñecemento do idioma e o escaso apoio, nun primeiro momento, de redes sociais, dificultaba moito o acceso ao mercado laboral: ser demandante de traballo e coñecer un oficio era insuficiente para acadar un emprego, canto máis as leis xerais e o poder dos sindicatos dificultaban tamén conseguilo. Por exemplo, para ingresar nas factorías do Estado había que pasar un exame en inglés, de conformidade coas disposicións do "Civil Service". Nas obras públicas, as "Unions" tiñan acaparados os oficios da construción, e outro tanto ocorría coas industrias particulares en canto a artesáns se refire. Era necesario estar afiliado ao sindicato da localidade para atopar traballo. Estes sindicatos controlaban a oferta de traballo de oficio a nivel local, limitando a admisión de traballadores para manter os xornais elevados e, en xeral, unhas boas condicións de traballo ¿Que lles quedaba aos inmigrantes menos cualificados e sen coñecementos do idioma? Pois quedaban a mercé dos capataces que lles quixeran dar traballo moitas veces vía unha participación do seu xornal[11].

Un punto de inflexión nesta problemática que favoreceu a entrada de galegos nos Estados Unidos o constituíu a Primeira Guerra Mundial, xa que orixinou unha demanda específica de man de obra mariñeira, que serviu de pulo migratorio para os mariñeiros e que cobrou mais relevancia cuantitativa no ano 1920 pola demanda de traballadores da mariña mercante:

---

[9] CSE, Boletín....1912, Madrid, p. 118.
[10] CSE, Boletín....1912, Madrid, p. 118.
[11] CSE, "La emigración española transoceánica, 1911-1915", p. 172.

"La emigración que se dirigió a los Estados Unidos puede decirse que se compuso de gente de mar; marineros y fogoneros de las distintas rías de Galicia, que a dicho país se dirigieron en busca de los crecidos sueldos que les ofrece la navegación en él"[12].

No período do conflito mundial estábase a realizar na marxe dereita da ría de Arousa unha recruta con destino a Norteamérica, especialmente en Ribeira, Carreira, e Caramiñal, embarcados en Vilagarcía e con transbordo en Cádiz cara a aquel país. Algúns foron enrolados na escuadra norteamericana. A recruta iniciárase en 1916, dirixida por unha casa domiciliada en New York, Cherry Street, da que era axente en España Manuel Díaz del Ojo. Este axente percorría as provincias de Galicia e León en busca de emigrantes: "que sea cualquiera la forma del contrato y clase de trabajo que les ofrezca, en definitiva serán destinados a rudas tareas de mar o de factorías marítimas"[13]. Máis tarde, o propio CSE recoñecía que a anunciada contrata para os Estados Unidos non era máis que: "el incremento natural del éxodo por las atracciones que para los trabajadores ofreció ese país"[14].

Segundo datos do profesor Alejandro Vázquez un catorce por cento dos emigrantes pontevedreses dirixíronse a Estados Unidos[15]. Gran parte dos emigrantes coruñeses e pontevedreses embarcábanse como tripulantes en barcos americanos (mariñeiros, fogoneiros, paleiros, engraxadores, e pescadores) xunto con habitantes de Santander e Vizcaia; como camareiros de hotel e de restaurantes con asturianos e traballadores do campo, de ferrocarrís, de estradas e minas cos asturianos, almerienses e alicantinos[16].

TÁBOA 1 – Emigración gallega a América según destinos (1911-1930)

Años	Cuba	Argentina	Brasil	Uruguay	Estados Unidos	México	Chile	Otros	América
1911	24,38	59,60	10,99	3,31	0,49	0,50	0,23	0,51	100,00
1916	59,22	27,29	5,65	2,78	4,46	0,38	0,05	0,17	100,00
1920	58,56	23,89	2,90	3,06	11,43	0,11	0,06	0,00	100,00
1925	36,69	49,98	5	6,30	0,24	1,50	0,19	0,10	100,00
1930	8,96	75,42	5,54	8,52	0,00	0,63	0,00	0,93	100,00

Fonte: *Estadística de la Migración Transoceánica*

---

[12] CSE, Nuestra emigración por los puertos en 1917, Madrid, 1918, p. 436.
[13] Boletín del CSE, 1917. Madrid, 1917, p. 165.
[14] CSE, Nuestra emigración por los puertos en 1917, Madrid, 1918, p. 495.
[15] Vázquez (1999:433).
[16] CSE, La emigración española transoceánica, 1911-1915, pp. 168-170.

Aínda que os principais receptores eran Cuba e Arxentina, nalgúns anos do primeiro terzo do século XX cobran importancia cuantitativa os Estados Unidos. Sería a raíz da demanda de mariñeiros do 1916 e a contratación masiva de buques norteamericanos no ano 1920, o que fixo a illa de Ellis o terceiro destino cuantitativamente máis relevante. Pero esta situación tamén foi pasaxeira, xa que a emigración redúcese considerablemente cando rematan os contratos asinados entre os mariñeiros españois e as compañías americanas. A depresión posbélica tamén influíu negativamente sobre a contratación de españois e galegos xa que fixo aumentar o desemprego no país. Na prensa galega reflíctese esta situación en artigos que trataban de desanimar as saídas:

"MILLARES DE ESPAÑOLES HAMBRIENTOS EN NUEVA YORK. El torrente emigratorio desbordado en dirección de la gran República norteamericana, ha tenido el previsto epílogo, la esperada congestión cuyas terribles consecuencias corren parejas con la magnitud gigantesca de la concurrrencia (...). Tristeza y pena causa el repetirlo, pero la verdad no tiene más que una faceta: el emigrante español desde el punto y hora que toma su billete, pierde su condición de ciudadano y se convierte en cosa, algo así como una mercancía a la orden o desembarcar en donde el conocimiento dice (....). Deber de conciencia es ilustrar al país no ocultándole nada de lo que allende los mares ocurre. Somos partidarios de la emigración porque la creemos necesaria pero en los actuales momentos creemos servir mejor al país diciéndole que millares de compatriotas arrastran sus lacerías y su hambre por las calles de New York"[17]

A partir de mediados dos anos vinte, as cotas restritivas das leis americanas de inmigración farán que as saídas descendan[18]. A pesar do limitado número de entradas de españois, os que xa estiveran alí podían obter permisos especiais de entrada como pasaxeiros, mentres que outros optaban por embarcar cara a Cuba co propósito de saltar de alí a Norteamérica. Entre todos estaban os mariñeiros dos municipios limítrofes aos citados, impulsados pola crise da sardiña nos primeiros anos da década dos vinte, especialmente do ano 1924, o que fixo que se estendera a emigración por outras bandas da costa galega, como imos exemplificar no sur, nun concello do sur de Galicia, onde a pesca e a conserva foron as principais actividades económicas no primeiro terzo do século XX.

---
[17] *Galicia Nova*, 4/12/1920.
[18] Antes da depresión dos anos trinta: xa a Lei de Inmigración de 1917 introducía, entre outras medidas selectivas preexistentes a de alfabetización aos maiores de 16 anos. En 1921 entraron en EUA (incluído Puerto Rico) 27.448 españois; a lei de 1921 introduciu unha cota fixada en 912 españois anualmente; a de 1924 reduciu a cota a 131 españois; a de 1927 restrinxiu a entrada de EUA a 100 inmigrantes. Carbó Peiró (1990).

2. Economía, estratexias familiares e migracións nunha comunidade pesqueira: Bueu en New York

O concello de Bueu, situado na Península do Morrazo da Ría de Pontevedra, tivo un saldo migratorio negativo xa que a industria de transformación de peixe era unha actividade dinamizadora da economía e isto ampliaba o mercado de traballo local[19]. De feito, a idade dos emigrantes de Bueu, non coincidía co primeiro grupo de idade adulta, entre 15 e 19 anos, que, segundo as teses migratorias clásicas, buscaba traballo por primeira vez noutros mercados; senón que o máximo de saídas estaba entre os solteiros de entre 20 e 30 anos, correspondendo as saídas de poboación ao tres por cento do total do concello[20]. Esta pauta difire das saídas dende o porto de Vigo nos anos vinte, que acadaban o seu máximo sempre no grupo de idade comprendido entre 15 e 19 anos[21].

Aínda que a emigración cara a New York foi tanxencial, constitúe un exemplo representativo, como o de outros concellos estudados da provincia da Coruña, das causas e trazos principais destes movementos[22]. En Bueu son poucas as familias – 1% do total de fogares – cos seus membros emigrados en New York, todos tiñan de ocupación mariñeiro e o estado civil non era condicionante, xa que eran solteiros e casados a partes iguais[23]. Tratouse de seguir a traxectoria dos emigrantes deste concello en New York mediante diversas fontes en destino, o que nos permitiu descubrir que na mesma viaxe partiron outros galegos da costa.

O exercicio de busca destes emigrados tiña o obxectivo de seguir a súa traxectoria laboral e vital, fíxose consultando varias fontes dos National Archives--Northeast Region (en adiante NARA): 1.Passanger Arrivals for the Port of New York, 1820-1957; Naturalization for New York and New Jersey; e US Census, 1920. A busca na primeira fonte, Passanger Arrivals for the Port of New York, 1820-1957, levounos ao buque de chegada, que fixo múltiples viaxes na década dos vinte, trátase do "Niágara," un trasatlántico que partiu de Vigo o 2 de marzo de 1920, cun nutrido grupo de pontevedreses, ademais de emigrantes doutras rexións españolas. Aínda que só se trata dunha viaxe do "Niágara", as chegadas dos pasaxeiros a Ellis Island permítennos corroborar o seu perfil ocupacional e afondar en como se desenvolveron as redes migratorias a New York. Case

---

[19] A tese tradicional sobre emigración definitiva relaciona a mesma coa ausencia de oportunidades de traballo na rexión ou país de orixe.

[20] Segundo esta tese a poboación activa nos primeiro grupo de idade (15-20) ten pouco que perder (baixo custe de oportunidade, escaso investimento en formación e cualificación) e pode asumir as dificultades de emigrar a países estranxeiros con diferente lingua, cultura, organización do traballo, etc. Hatton e Williamson (1994).

[21] Vázquez (2000:399).

[22] Pérez Rey (2008).

[23] No caso de Bueu, a tradición migratoria mantívose: un 57 por cento dos emigrantes marcharon cara a Arxentina, un 36 por cento a Cuba e un 7 por cento a New York. Muñoz (2002).

todos eran mariñeiros, afrontaran o pago da pasaxe sen recorrer a préstamos e algúns estiveran no país con anterioridade. Como para entrar tiñan que facilitar a dirección dun familiar ou amigo que residise en New York, constatamos que os mesmos nomes se repiten como acolledores de varios grupos de emigrantes baixo unha suposta relación de amizade ou de parentesco, a de primo era a máis socorrida. Un grupo de mariñeiros de Bueu consignaban un tal A. Otero, en calidade de amigo e J. Charrúa, de primo[24]. Esta segunda fonte permite ver que outros mariñeiros procedentes de Moaña, Riveira, Arousa, tiñan os mesmos contactos[25]. Isto é unha mostra máis de que as redes de contacto facilitaron a emigración de grupos de veciños, formando cadeas de emigrantes; así, o destino dos mesmos está condicionado polas súas relacións e o apoio dalgún emigrado previo, a fin de facilitar a súa integración económica, social e cultural.[26] Aínda que as redes non foran totalmente solidarias, exercían, entre outras, tarefas de oficinas de emprego para os emigrantes.

Algunhas asociacións protexían os intereses dos emigrantes galegos nos seus lugares de destino e estaban estreitamente vinculadas ás localidades de orixe[27]. Os emigrantes de Bueu en New York estableceron alí unha asociación que apoiaba aos recén chegados na busca de emprego e na mellora do inglés[28]. Algunhas publicacións desta asociación denuncian a necesidade de mellorar a cualificación dos emigrantes:

> *"Recordemos cual terrible es, en su simplicidad, el diálogo entre capataz e inmigrante que pide trabajo cuando aquel le interroga: ¿cuál es su profesión?. ¿Sabe usted escribir?,¿Sabe usted inglés?,¿Es usted carpintero, herrero, mecánico, albañil, tenedor de libros?"*

A asociación, denominada *Unión Cultural de Bueu, Beluso y sus contornos* foi fundada en 1929 en New York, e o Arquivo Municipal de Bueu garda unha copia dos seus estatutos. Dende a mesma solicítase ao concello que investise na creación dunha escola de formación profesional, pois a falla de cualificación era o principal problema dos emigrantes[29]. De feito, as asociacións de galegos en América axudaban aos emigrantes a adaptarse ao novo país[30].

---

[24] J. Charrua e A. Otero vivían respectivamente nos números 319 e 332 de Water Street. NARA, New York, Public Library, Census Index. County Clerk.
[25] NARA, New York, Public Library, Passanger Arrivals for the Port of New York, Niagara, pp. 40-43.
[26] Yáñez (1996:137); Vázquez (1995:93-122).
[27] Os programas asistenciais destes centros daban seguridade material aos emigrantes, facilitando a non-aculturación dos seus descendentes. Sánchez Albornoz (1988).
[28] AMB, Documentación de la *"Unión Cultural de Bueu, Beluso y sus contornos"*.
[29] Vázquez (2000: 412-416).
[30] Cagiao e Núñez Seixas (2007).

Conclusións

Esta investigación presenta os principais trazos da emigración da costa galega cara a New York nas primeiras décadas do século XX. Na mesma, a combinación de diferentes fontes permítenos coñecer os mecanismos microsociais que propiciaron a creación de fluxos migratorios do litoral, diversificando os lugares de destino. Na área litoral a emigración cara a New York foi principalmente protagonizada por mariñeiros e asociada tanto á demanda de traballo dende o destino como ás condicións de oferta dende a orixe, xa que estamos a falar de comunidades pesqueiras onde a industria conserveira tivo un gran peso local. Por este motivo, o saldo migratorio neto de concellos como o que aquí presentamos, Bueu, foi negativo nos anos vinte. Para este traballo, o valeirado de fontes padronais e de rexistros de emigrantes foron de grande utilidade porque consignan a ocupación dos ausentes en cada concello. En definitiva, o uso e a combinación de múltiples fontes nominativas no lugar de orixe e de destino, xunto coas estatísticas de emigración, contribúen a coñecer mellor os trazos demográficos e a estrutura socio laboral dos emigrantes da costa galega.

Bibliografía

CAGIAO VILA, P. e NÚÑEZ SEIXAS X.M. (2007): *Os galegos de ultramar. Volume 2: Galicia e o Río da Prata*, A Coruña: Arrecife Edicións Galegas.

CAGIAO, Pilar e PÉREZ REY, N. (2009): "Sobre la emigración de las mujeres españolas a los Estados Unidos: tres perfiles", en LIÑARES GIRAUT, A. X. (coord.), *El protagonismo de la mujer en las corrientes migratorias españolas*, Vigo, Grupo España Exterior, 2009, pp. 123-142.

CARBÓ PEIRÓ, M. (1990): *La emigración española hacia los Estados Unidos de Norteamérica: 1898--1936*, Tesis de Licenciatura, Univ. Barcelona, 1990.

HATTON, T. e WILLIAMSON, J. (1994): *Migration and the international Labor Market, 1850- 1939*, Routledge, London e New York.

MUÑOZ, L. (2002): *Los mercados de trabajo en las industrias marítimas de Galicia. Una perspectiva histórica, 1870-1936*, Tesis Doutoramento, Universidade Autónoma de Barcelona.

NÚÑEZ SEIXAS, X. M. (2010): "A historiografía das migrações ultramarinas espanholas: Uma visão global", *Maracanan*, Rio de Janeiro, nº 6, pp. 11-45.

OPATRNY, J. (1986): *Antecedentes históricos de la formación de la nación cubana*, Univ. Carolina, Praga.

PÉREZ REY, N. (2008): "Unha achega á emigración galega a Nova York", *Estudos Migratorios: Revista Galega de Análise das Migracións (Nova Xeira)*, Vol. 1, nº 2.

RODRÍGUEZ GALDO, M. X. (1993): *Galicia, país de emigración*, Oviedo.

RUEDA, G. (1993): *La emigración contemporánea de españoles a Estados Unidos*, Madrid, 1993, 1820-1950; de "Dons" a "Misters", Madrid.

RUEDA, G. e GONZÁLEZ, C. (1995): "Los gallegos entre los españoles de Estados Unidos (Siglos XIX y XX)", JUANA, J. de/CASTRO, X. (eds.), *VIII Xornadas de Historia de Galicia. Cuestións de Historia Agraria*, Ourense, 1995, 103-176.

SÁNCHEZ ALONSO, B. (1995): *Las causas de la emigración española 1880-1930*, Madrid.

SÁNCHEZ-ALBORNOZ, N. (coord.) (1988): (coord.), *Españoles a América. La emigración en masa (1880-1930)*, Madrid, 1988.

VÁZQUEZ GONZÁLEZ, A. (2000): La emigración gallega a América, 1830-1930, Tesis de doctorado inédita, Fac. de CCEE e Emp., Universidade de Santiago de Compostela.

VÁZQUEZ GONZÁLEZ, A. (2005): "La migraciones contemporáneas de los gallegos", en De Juana, J., *Historia Contemporánea de Galicia*, Barcelona, pp. 425-440.

VILLARES PAZ, R. e FERNÁNDEZ, M., (1996): *Historia da emigración galega a América*, Santiago, Xunta de Galicia.

VINCENTI, E. (1908): *Estudio sobre emigración. Guías especiales para América y Argelia*, Madrid.

PÉREZ REY, N. (2008): "Una achega á emigración galega a Nova York", *Estudos Migratorios*, nº 2, pp. 31-61

VARELA-LAGO, A (2008): "A emigración galega aos Estados Unidos: galegos en Luisiana, Florida e Nova York (1870-1940)", *Estudos Migratorios*, nº 2, pp. 63-84.

YÁÑEZ GALLARDO, C. (1996): *Saltar con red. La temprana emigración catalana a América ca.1830-1870*, Alianza América, Madrid.

V

EMIGRAÇÃO E INOVAÇÃO:
OS NOVOS DESAFIOS PARA AS RELAÇÕES ATLÂNTICAS

Public Diplomacy e Emigración.
O caso da comunidade galega nos Estados Unidos de América

ALBERTO PENA[*]

Introducción
Cando escribimos sobre a emigración galega, inevitablemente pensamos nos milleiros de persoas que abandonaron Galicia cara distintos destinos no mundo co obxectivo fundamental de mellorar as súas condicións de vida. Detrás do discurso público sobre os emigrantes hai un sustrato emocional que, ás veces, pode revestirse dun sentimentalismo que propicia abordaxes bibliográficas dun carácter memorialista (por outra parte, moi necesario), que fai crer falsamente que ése é o retrato da realidade dos emigrantes. Pero a realidade histórica dos emigrantes precisa dun estudo científico riguroso que nos axude a comprender non só os fracasos ou os éxitos dos emigrantes, senón as causas e as consecuencias do abandono das terras de nacemento. Hai que dar resposta a varios interrogantes claves para entender o que foi a emigración: cando, cómo, por qué, quenes, cara onde foron e cal era o seu medio de vida, entre outras moitas preguntas, son datos esenciais para revelar a auténtica dimensión da diáspora azoriana ou galega.

Sobre o éxodo galego a América xa se ten investigado algo, fundamentalmente sobre a destacada emigración a Arxentina e Brasil, pero hai moitas áreas e países nos que se estableceron milleiros de galegos ó longo do século XIX e XX sobre os que se ten avanzado moi pouco no coñecemento das súas circunstancias migratorias, do nivel de integración social, das súas tarefas profesionais, entre

---
[*] Facultade de Ciencias Sociais e da Comunicación, Universidade de Vigo.

outros elementos de importancia para construir a historia da emigración. Porque é evidente que a Historia de Galicia non se pode construir con rigor se non se coñece a fondo a determinante fenómeno da emigración galega. A historia galega é, nomeadamente no século XX, a historia da emigración.[1] Se non se avanza neste eido, o retrato histórico da sociedade galega estará incompleto. Os emigrantes influiron moito na evolución de Galicia en moitos sentidos; deixaron marcas en diversas manifestacións da súa cultura. Por suposto, a cultura tradicional incorporou señas de identidade dos emigrantes e incluso a arquitectura civil galega ten a súa pegada nas "casas dos indianos", pero quizáis o feito máis simbólico é o da creación do himno de Galicia, que foi elaborado por intelectuais galegos emigrados en Cuba a comezos do século XX.[2]

Pero o estudio da emigración galega de xeito comparado con outras comunidades europeas do seu entorno atlántico que experimentaron tamén o fenómeno migratorio, ofrece unha perspectiva nova, máis aberta, que probablamente reduza a natural visión endogámica ca que cada sociedade contempla a súa propia Historia, especialmente si se trata de un asunto que afecta de maneira tan profunda a un extenso abano de áreas tan relevantes como a económica, a política, a sociolóxica e a cultural. Neste senso, pór en relación a estas dúas culturas atlánticas a partir da emigración é un paso adiante no só para facilitar o intercambio entre elas, senón, fundamentalmente, para que poidan coñecer mellor o que son e o que representan no universo cultural atlántico.

Galicia e o arquipélago das Azores son dous territorios atlánticos excepcionais polas características da súa idiosincrasia social común, que compartiron os mesmos destinos ó longo da Historia, ainda que por distintos vieiros. Como o pobo azoriano, Galicia foi e continúa ser unha especie de illa na Península Ibérica que forxou tamén os seus sinais culturais a través da súa relación co océano Atlántico, cunha economía baseada históricamente na pesca, na gandeiría e na agricultura. As dificultades para sobrevivir impulsaron un espíritu emprendedor que levou ós galegos a espallarense polo mundo na procura de novas oportunidades, abrindo a súa cultura ó intercambio atlántico dende o norte de Canadá ata os

---

[1] Villares, Ramón, *Historia de Galicia*, Vigo, Galaxia, 2004.
[2] Sobre a emigración galega a América poden consultarse diversas obras. Para dispor dunha visión xeral poden consultarse as seguintes referencias bibliográficas: Villares, Ramón, e Fernández Santiago, Marcelino Xulio, *Historia da emigración a América*, Santiago de Compostela, Xunta de Galicia, 1996; Santos, Ricardo Evaristo, *Política migratoria española a Iberoamérica: aporte Brasil (1890--1950)*, Sada-A Coruña, Edición do Castro, 1996; Peña Saavedra, Vicente (dir.), Fernández Santiago, Marcelino Xulio (coord.), *Repertorio da prensa galega da emigración*, Santiago de Compostela, Consello da Cultura Galega, 1998. Sobre a emigración galega en Portugal, pode consultarse: Pena Rodríguez, Alberto, *Galicia, Franco y Salazar. La emigración gallega en Portugal y el intercambio ideológico entre el ranquismo y el salazarismo (1936-1939)*, Vigo, Servicio de Publicacións da Universidade de Vigo, 1999.

confíns da Terra de Fogo. O fenómeno da emigración galega e azoriana ten muitas converxencias, especialmente nos Estados Unidos de América, onde os emigrantes encontraron un mundo novo no que botaron novas raíces sen esquecer as vellas orixes. Neste sentido, resulta imprescindible rescatar a historia desta experiencia única das dúas culturas atlánticas lusófonas que xa forman parte do soño americano.

A nosa intención neste breve traballo é achegarnos a algunhas das claves da emigración galega a Estados Unidos trazando un relato contextualizador, que prestará atención en primeiro lugar ó que representa o fenómeno da emigración para Galicia como territorio europeo atlántico, cun goberno autónomo (como o arquipélago de Azores), dentro da dinámica política galega e española e da diplomacia internacional. Farase mención ós recursos institucionais máis importantes de que dispón Galicia para "dialogar" e apoiar ós emigrantes, así como á influencia que estes exercen sobre a sociedade galega. En segundo lugar, determonos nalgúns dos elementos simbólicos máis interesantes da presencia galega nos Estados Unidos e da capacidade de influencia da comunidade galego--norteamericana como actores que interveñen en diversos procesos de *public diplomacy* ou diplomacia pública, dos que veremos algúns exemplos que poden ser representativos para comprender o nivel de integración dos emigrantes e a relevancia das institucións creadas por eles ou vencelladas á súa actividade de carácter profesional nos Estados Unidos de América. Advertimos, non obstante, que o obxectivo deste estudio non ten outro sentido académico que o de facer un contributo que, sen entrar nunha narración subxectiva, procure descubrir algúns dos aspectos simbólicos máis relevantes da presencia galega en territorio norteamericano.

Galicia ábrese ó mundo: a influencia política dos emigrantes

O que noutras épocas representou un serio problema para Galicia e para os seus habitantes, hoxe pode resultar unha vantaxe pola importancia estratéxica que supón contar con galegos espallados polo mundo na actual sociedade globalizada, especialmente se muitos deles, como é o caso, ocupan postos de gran influencia política ou económica en diferentes países. É evidente que, ademáis de aproveitar este inesperado posicionamento estratéxico para Galicia, as institucións galegas actuais deberían ter o compromiso de apoiar a tódolos emigrantes que non contan con suficientes recursos para levar unha vida digna alí onde están. Non só é unha cuestión de dignidade social, senón tamén porque os emigrantes votan. E deciden. Actualmente, hai máis de 300.000 galegos censados no exterior con dereito a voto nas diferentes convocatorias electorais. Os partidos políticos galegos, ademáis de dar exemplo moral e actuar responsablemente, teñen que persuadir ós emigrantes para conseguir o seu apoio. Esta circunstancia é moi importante na Galicia de hoxe. Xa que logo, estamos diante dun fenómeno que forma parte do debate público galego e que, dalgún xeito, está a condicionar o destino político da sociedade galega. Os presidentes ou os candidatos á presidencia da Xunta de Galicia non poden facer política sen ter en conta ós emigrantes. Cada certo tempo, teñen que facer xiras por diversos países iberoamericanos para tentar manter un contacto directo cos galegos da diáspora, non só para estar perto deles, senón tamén para que a sociedade galega poida ver que os seus veciños na emigración contan ca preocupación solidaria das organizacións políticas españolas. Así o fixo, con enorme éxito, Manuel Fraga, que viaxou en numerosas ocasións a Iberoamérica para participar en decenas de actos con emigrantes; así o comprendeu u seu sucesor, Emílio Pérez Touriño, que tampouco se esqueceu de acudir a diversos encontros nas Casas de Galicia de Suramérica; e así o está a entender o actual presidente, Alberto Núñez Feijóo, que visitou ós emigrantes durante a campaña electoral e, ós poucos meses de estrenar o cargo, organizou unha xira por varios países iberoamericanos. Poderíamos evidentemente, mencionar ó líderes dos outros partidos galegos, como o Bloque Nacionalista Galego, cuxo ex portavoz nacional e ex vice-presidente da Xunta de Galicia, Anxo Quintana, quixo demostrar tamén o seu decidido compromiso cos problemas da emigración.

Desta relación de Galicia ca súa emigración xurdiron iniciativas moi interesantes para axudar ós emigrantes máis desasistidos, e tamén a artellar estructuras de diplomacia pública e cultural (*public diplomacy*) de enorme trascendencia para comprender a influencia de Galicia no exterior. Poderíamos referirnos a decenas de exemplos sobre a importancia estratéxica que supón para os intereses galegos a presencia de concidadáns en algunhas institucións públicas ou privadas de varios países. A capacidade diplomática dos galegos no exterior é un activo que está a disposición do gobierno de Galicia, ainda que poida haber interferencias ca política do Estado, como quedou de manifesto en algunhas ocasións. O caso máis paradigmático foron as relacións de Manuel Fraga con Fidel Castro. Fraga era fillo de emigrantes en Cuba e Castro tamén; e ainda que os seus princípios ideolóxicos eran antagónicos, compartiron un idílio diplomático a finales do século pasado que chegou a irritar ó gobierno de José María Aznar, partidario de aillar ó goberno cubano. Manuel Fraga mantiña tamén unha relación especial con Raúl Castro, que visitou Galicia o 7 de maio de 2005 a convite do presidente da Xunta, malia as duras críticas de diversas institucións e da maioría da prensa nacional española. Incluso a prensa catalana máis aberta criticaba este encontro de Raúl Castro con Manuel Fraga. A crónica de *La Vanguardia* comezaba así: "Amistad, galleguidad o que hay elecciones y el voto emigrante es muy importante. Cualquiera de las razones es válida para justificar que el presidente de Galicia, Manuel Fraga, recibiera ayer, por todo lo alto, a Raúl Castro, ministro del Ejército y secretario del Consejo de Estado de Cuba y hermano del presidente de aquel país, Fidel Castro. Una justificación necesaria por la posición que mantiene el PP hacia el régimen cubano y las críticas que dirige al Gobierno por sus relaciones con los dirigentes cubanos. Pero eso lo dejó ayer a un lado Manuel Fraga, que pese a las demandas de Amnistía Internacional de que pidiera la liberación de 71 presos de conciencia en Cuba, y desoyendo las críticas de diferentes colectivos, como Plataforma Cuba Democracia Ya, se reunió durante media hora con el político cubano. Al término de esta reunión, Raúl Castro negó la existencia de presos políticos en el régimen castrista, a los que denominó "mercenarios" que cobran un salario del Gobierno americano".[3] *La Vanguardia* remataba a información facendo mención precisamente á cordialidade que unía ós dous líderes políticos a partir do seu sentimento de unión a Galicia: "El comandante cubano y el presidente gallego, tras el encuentro, y ante los medios de comunicación, se intercambiaron palabras de simpatía y apelaron a la "vieja amistad" que mantienen para justificar la reunión. Fraga confesó que para él "es un honor" la visita de la delegación cubana, que aseguró que es de carácter privado, y tiene como único objetivo que el hermano de Fidel Castro conozca la localidad lucense de Láncara, donde nació su padre en 1875. Por eso Raúl Castro habló como "medio gallego o gallego entero" y añadió: "Estamos entre familia"".

O sucesor de Fraga na presidencia da Xunta, Emilio Pérez Touriño, tamén tivo xestos especiais para os emigrantes con independencia da súa ideoloxía, e mantivo contactos con numerosos galegos en postos de responsabilidade do exterior. Pero a súa iniciativa máis interesante en relación ca *public diplomacy* do executivo galego foi a creación dunha delegación da Xunta de Galicia en Argentina, inaugurada en outubro de 2007 e dirixida por María Xosé Porteiro, que destacaba, na súa toma de posesión, a influencia diplomática desta especie de embaixada de Galicia: "Estoy segura de que la etapa que hoy comenzamos será de reafirmación de nuestras capacidades para tener presencia e influencia en esta parte del mundo. Soy consciente del privilegio que supone comenzar este camino que imagino largo y deseo fructífero, porque sé, y así lo quiero compartir, que estamos por vivir un tiempo nuevo, una nueva forma de entender las múltiples expresiones de nuestra identidad acordes a los retos del siglo XXI".[4] Entre as funcións da "embaixada galega" estaban a atención á cidadanía galega na Arxentina, a promoción da língua e a cultura, as relacións económicas e a cooperación co desenvolvemento da chamada "quinta provincia" de Galicia.

---

[3] *La Vanguardia*, 7 de maio de 2005. Cf.: Http://www.cubanet.org/CNews/y05/may05/11o13.htm.
[4] *España Exterior*, 10/10/2007. Publicación en liña: "La Xunta de Galicia abre en Buenos Aires su primera "embajada" para emigrantes". Http://cepam.cesga.es/article_947.pdf

O actual presidente da Xunta de Galicia, Alberto Núñez Feijóo, suprimiu a delegación creada polo goberno anterior para aforrar costes, pero, na viaxe oficial que realizou por diversos territorios iberoamericanos para agradecer o apoio electoral dos emigrantes, prometeu adicar os máximos esforzos á comunidade galega no exterior. Un primeiro paso foi a celebración do I Congreso da Xuventude Galega no Exterior, que reuniu o 5 e o 6 de decembro de 2009 a decenas de galegos en Bos Aires e que serviu para emitir un documento público con innumerables propostas á Xunta de Galicia co obxectivo de mellorar o contacto e a integración dos emigrantes na sociedade galega. Un aspecto particularmente interesante tratado neste congreso foi o papel dos descendentes dos emigrantes e a cuestión da identidade galega. Entre as conclusións dos congresistas, solicítase o seguinte: "Desarrollar la identidad del hijo o nieto de gallegos cuya participación puede materializarse por vías alternativas además de las existentes. A modo de ejemplo, se deben privilegiar aquellas actividades que les puedan transmitir a los jóvenes una emoción propia, que los lleve a la búsqueda de su identidad, que no necesariamente será igual a las actividades en tal sentido de los mayores. Aún así, se debe procurar la integración de los mayores en estas actividades".[5] Neste senso, o documento fixo fincapé na necesidade de establecer un diálogo interxeneracional para evitar o desarraigo dos descendentes dos emigrantes:

> "Sin duda alguna, nuestras colectividades se enfrentan a la necesidad de profundizar el diálogo intergeneracional, fundamentalmente entre los jóvenes (hasta 40 años) y los mayores (65 en adelante) debido a la ausencia de participación de edades intermedias.
> Fomentar el análisis de la historia de nuestra colectividad para analizar y transmitir la forma en que se fueron creando las entidades e internalizar el concepto de que los viejos de hoy fueron los jóvenes de ayer.
> Institucionalizar el trabajo de información y capacitación para fomentar el diálogo y la participación con los más jóvenes.
> Privilegiar a aquellas instituciones que faciliten en proyectos y gestión la integración de los jóvenes gallegos.
> Mejorar el esquema de información aprovechando las nuevas tecnologías, convirtiendo los medios existentes no sólo en meras herramientas de información sino en herramientas que permitan una verdadera interacción.
> Fomentar y difundir la profunda universalidad de Galicia.
> Facilitar a los centros e instituciones las acciones que tiendan a ayudar a grupos "satélites" o independientes.

---

[5] Conclusiones do *I Congreso da Xuventude Galega no Exterior*, Bos Aires, 5-6 decembro de 2009. Http://media.lavozdegalicia.es/default/2009/12/14/00171260790219109170516/Fichero/congreso.pdf

Facilitar tramitaciones e información de doble vía para aquellos individuos o entidades que se encuentran a grandes distancias de los puntos de mayor aglutinamiento.

Comprender la especificidad de los gallegos en el exterior, trabajando el concepto de ser gallego en Uruguay y Argentina.

(...)

Acrecentar y mejorar la oferta educativa o de capacitación de jóvenes y mayores. En definitiva, se han de trabajar proyectos que aglutinen y potencien el diálogo intergeneracional, privilegiando aquellos que complementen las características propias de cada generación (ejemplo: experiencia en los mayores, uso de las tecnologías en los más jóvenes, y profesionalización en generaciones intermedias)".[6]

A comunidade emigrante galega conta ca Secretaría Xeral de Emigración (o departamento homólogo á Direcção Regional das Comunidades no caso do goberno de Azores), que se ocupa de prestar apoio asistencial ós núcleos de emigrantes galegos por todo o mundo. Tamén a Fundación Galicia Emigración, creada en 2002 por iniciativa da Xunta de Galicia en partenariado con varias empresas galegas, entre as que se encontran GADISA, Caixanova, a Fundación Caixa Galicia, Inditex, Copasa, Froiz o Concello de Santiago, Ferro-Atlántica, a Deputación de A Coruña, La Caixa, e a Zona Franca de Vigo. Segundo os seus estatutos, esta fundación tenta contribuir a mellorar a calidade de vida dos emigrantes e dos retornados, sen deixar de lado "(...) poñer en valor o grande potencial humán que representa a emigración".[7] Unha das accións máis interesantes no contexto da diplomacia pública e comunicación da cultura galega a través de redes sociais, é o proxecto *Galicia Aberta*, xestionado pola Secretaría Xeral de Emigración.[8] Trátase dun portal onde están aloxadas todas as webs das asociacións de emigrantes galegos no exterior; conta con máis de cen páxinas cibernéticas de centros de Galicia, fundamentalmente en Europa, América e Oceanía. A través de *Galicia Aberta* estabécese unha rede de contactos entre tódolos emigrantes, ós que se lles facilita información do seu interese sobre asuntos relacionados con axudas públicas, asesoramento legal, así como anuncios sobre eventos de carácter cultural. *Galicia Aberta* é un proxecto que permite pola primeira vez establecer un contexto real (ainda que virtual) de intercambio entre todas as sociedades da comunidade galega no mundo. En cada unha das webs da rede creada pola Secretaría Xeral de

---

[6] Idem, ibidem.
[7] Cf. www.fundacion galiciaemigracion.com
[8] Http://www.galiciaaberta.com

Emigración, aparecen os datos máis importantes de cada institución relacionada cos emigrantes galegos: directiva, breve historia, datos de actividades, etc. Esta presencia en internet está a resultar crucial para evitar a sensación de aillamento de algunas das sociedades galaicas, que durante moito tempo foron prácticamente invisibles para a sociedade galega. A riqueza asociativa dos emigrantes galegos, que se espallaron sen perderen os seus sinais de indentidade (como aconteceu cos emigrantes azorianos), permitiu crear, gracias ó proxecto de *Galicia Aberta*, unha extensa malla que contribúe decisivamente a universalizar a cultura galega.

Os "galegos americanos": da épica da supervivencia ó *american way of life*
Facer historia da emigración galega ós Estados Unidos é andar un camiño sen desbrozar, porque ata agora non existen cifras certas sobre os milleiros de galegos que cruzaron o Atlántico rumo a Norteamérica. Se ben unha extensa maioría de emigrantes galegos escolleron os países iberoamericanos para emigrar por diversas razóns, entre elas a afinidade lingüística e cultural, os "galegos americanos" foron impulsados a viaxar a diferentes zonas de Estados Unidos (ainda que as comunidades máis numerosas concentráronse sempre na costa Leste) por diversos factores ó longo do século XIX e XX. O mito de terra de promisión cultivado pola prensa europea debido o rápido e imparable crecemento norteamericano de principios do século XX, ofertas de traballo en múltiples sectores, campañas de promoción de consignatarios de buques que abriron rutas entre Norteamérica e Europa... Estas e outras razóns fixeron que houbera diversas vagas migratorias procedentes de varias zonas de Galicia, nomeadamente do perímetro costeiro sur-atlántico.

Na vida dun emigrante hai sempre decenas de episodios dignos de ser narrados para construir a memoria emocional da emigración, mais, por desgracia, as vivencias de moitos deles (con elementos heroicos ou de extremo sufrimento) sólo son contadas dentro de cada família; os libros de memorias non son demasiado abundantes e a filmografía sobre as incribles aventuras que correron os emigrantes e as vidas que encerran historias apaixoantes (nas que o éxito, o fracaso, a gloria, a humillación, o desconsolo, a soidade... forman parte do percurso na procura dunha vida mellor) son escasas. Son odiseas íntimas, silenciosas, caladas. Por elo é necesario resgatar toda esta "literatura homérica" da historia da emigración galega e azoriana e convertila en cine (como acontece cas decenas de filmes sobre a emigración irlandesa ou italiana a América) para poñela en valor, para recoñecer as súas xestas, para entender e recuperar os sentimentos encontrados e a desorientación vital que moitos tiveron que experimentar. Pero, sobre todo, para construir unha narrativa audiovisual sobre o que representou o fenómeno da emigración para Galicia.

Precisamente, unha das empresas que apostou por basear a súa estratexia publicitaria na defensa da identidade e da cultura galega con un importante éxito comercial, foi a cadea de supermercados GADIS. Esta firma comercial fixo en 2008 unha campaña de comunicación de gran éxito, co eslogan "Vivamos como galegos", na que os seus argumentos publicitarios poñían en valor o papel dos emigrantes para axudar a construir Galicia ó tempo que resaltaba a importancia estratéxica da emigración para dar a coñecer ó mundo os valores da cultura galega. Un dos spots de GADIS pretendía retratar metafóricamente á comunidade galega en Nova Iork, que remataba cun gaiteiro galego tocando sobre un taxi na Gran Mazá.

Ainda que non se dispón dunha cifra estatística exacta, actualmente, en Estados Unidos, hai máis de trinta mil galegos-americanos, dos cales 9.968 manteñen o seu dereito a voto en España. A maioría deles residen en Nova Iork e Newark, pero hai galegos espallados por todo o territorio norteamericano. O nivel de integración na sociedade local é alto, se temos en conta que a comunidade galega asumiu a súa condición de comunidade emigrante dentro dunha sociedade multiétnica como a norteamericana, especialmente a neoiorquina. Neste senso, os galego--norteamericanos participan da vida social, política e cultural de Estados Unidos sen perder o vencello ca súa cultura orixinaria a través da existencia de institucións de carácter asociativo ligadas a Galicia, que sirven non só como lugar de encontro para compartir inquedanzas e crear lobbies para defender os seus intereses, senón para non perder o contacto ca cultura tradicional galega e transmitir os valores ás novas xeracións de galegos americanos, que só coñecen Galicia por medio das actividades culturais que organizan estas asociacións de galegos.

En Norteamérica existen varias Casas de Galicia, algunhas con decenas de anos de existencia e con gran proxección pública, como é o caso da Casa de Galicia en Nova Iork ou o Centro Orensano de Newark. A chamada Casa de Galicia en Nova York ten una longa e interesante historia que se remonta á primeira sede permanente, situada en Union Square nos anos vinte, que acabou por fechar debido ós problemas económicos derivados da Gran Depresión, que afectou a moitos socios, que acabaron por desprenderse da sede e asociarse a outras institucións como a Sociedade Benéfica Española. Algúns dos galegos máis comprometidos políticamente e emigrados durante a Guerra Civil española, crearon o Frente Popular Antifascista Gallego, que colaborou cas demáis sociedades galego-españolas a favor da víctimas da guerra e que acabou por transformarse ó rematar o conflicto en "Unidad Gallega", hoxe convertida nunha sociedade denominada *Unity Gallega USA Inc.*, que é propietaria da sede actual e de dous edificios máis que foi adquirindo ó longo do tempo. A Unidad Gallega de Nova Iork ten máis de 1000 socios e posee propiedades de enorme valor económico e histórico. Por exemplo, a *Unity Gallega* segue a ser a propietaria do edificio coñecido como Webster Hall, que está inluído dentro do catálogo de lugares de especial protección pola Comisión para a Preservación de Sitios Históricos de Nova York (*New York City Ladmarks Preservation Commission*). O Webster Hall, que foi adquirido en 1969, foi construído en 1886-1887 polo arquitecto norteamericano Charles Rentz e destaca pola súa fachada de cor vermello; pronto se convertiu no primeiro club nocturno de Estados Unidos, transmutado en sala de concertos nos anos cincuenta, no que cantaron artistas como Frank Sinatra, Elvis Presley, Ray Charles, Tony Bennet ou Julie Andrews. Entre 1953 e 1958, a RCA Víctor Records instalou un estudio musical no que grabaron as súas cancións músicos como Louis Armstrong ou Harry Belafonte, entre outros. E nas décadas setenta e oitenta, mentras os galegos seguían reuníndose na primeira planta do edificio, o baixo foi alugado ó club The Rtiz, polo que pasaron estrelas dunha nova xeración de artistas musicais, como Tina Turner, Prince, Gun's & Roses, B. B. King ou Sting. Ademáis, o Webster Hall foi escenario da rodaxe dalgunhas esceas do filme "Toro Salvaxe", co que Robert de Niro conseguiu o Óscar ó mellor actor pola súa interpretación sobre a vida do boxeador Jake La Motta en 1980. Xa que logo, a comunidade galega neoiorquina viu pasar por unha das súas sedes, das que continúan a ser donos, tódalas manifestacións dos estilos musicais norteamericanos a través das actuacións dos artistas máis senlleiros de cada momento.[9] O feito de que o

---

[9] Cf.: www.casadegalicianyc.org e www.galiciaaberta.com

Webster Hall siga formando parte das posesións de Unidad Gallega, demostra a puxanza económica dos galegos que residen na Gran Mazá, que se traduce tamén en influencia diplomática e política. Un dos episodios máis recentes da *public diplomacy* dos emigrantes galegos en Nova Iork foron os actos celebrados naquela cidade co gallo da irmandade entre a Estatua da Liberdade e a Torre de Hércules, dentro da campaña internacional organizada polo Concello de A Coruña para conseguir que a candidatura do faro romano coruñés fose incluído no catálogo de monumentos considerados Patrominio da Humanidade pola UNESCO. No acto de irmandade, realizado o 9 de setembro de 2008 diante da Estatua da Liberdade ca presenza de autoridades galegas e norteamericanas, participou activamente a Casa de Galicia en Nova Iork, que utilizou toda a súa influencia para conseguir unir simbólicamente a Galicia con un dos monumentos máis importantes do mundo. A ceremonia, celebrada no complexo de Ellis Island, onde está situada a famosa estatua Patrimonio da Humanidade, soaron os himnos de Galicia, de España e de Estados Unidos. O alcalde da Coruña, Antón Losada, xunto ca superintendente do Servicio Nacional de Parques (encargada da xestión da estatua), Cynthia Garret, asinaron un documento polo que ámbalas dúas partes se comprometen a realizar accións de promoción dos dous monumentos. Losada referiuse no seu discurso a John Adams, segundo presidente de EE.UU. e o seu fillo John Quincy Adams (que sería o sexto presidente), que residiron en 1779 durante un mes na cidade de A Coruña e visitaron a Torre de Hércules.[10]

---
[10] Cf.: *La Voz de Galicia*, 09/09/2008.

Na seguinte mostra de fotografías podemos apreciar as diferentes sedes da Casa de Galicia ó longo da historia ata chegar ó edificio actual, mercado en 1994 na privilexiada zona de Queens.

Primer edificio.
1942, 113 Oeste Rua 59

Segundo edificio.
1954, 153 Oeste Rua 64

Tercer edificio.
1958, 405 Oeste Rua 41

Cuarto edificio.
1970, 119 Este Rua 11

Edificio actual, desde 1994.
37-09 31st Ave Astoria, Queens

Nos retallos de historia da emigración galega ós Estados Unidos que tentamos recoller para este traballo descubrimos anécdotas protagonizadas por galegos que demostran o arroxo e a capacidade de adaptación para emprender novos proxectos profesionais e vitais dos galegos fora do seu contorno cultural, social, económico e político. Entre os achádegos máis notables que nos fan ollar doutra maneira (tal vez oníricamente) o papel dos galegos en Estados Unidos pola súa participación, directa, indirecta ou simplemente simbólica en algunhas das creacións ou episodios da historia máis patriótica da nación norteamericana, podemos citar os seguintes exemplos. O cemiterio de Arlington, o máis grande de América, onde están soterrados muitos dos soldados norteamericanos falecidos na Segunda Guerra mundial, así como figuras históricas da política estadounidense como John Fitzgerald Kennedy, foi construído ca colaboración de canteiros galegos, procedentes moitos deles da Terra de Montes, que tiveron un protagonismo especial no deseño de determinados monumentos do camposanto. Especial mención merece o canteiro e constructor Ángel Roubín, que foi o responsable de levantar o panteón de Kennedy, en cuxa lápida escribiu co seu cinzel a famosa frase do malogrado político, moi citada por Barack Obama, tra-la súa toma de posesión como novo presidente:

> *And so my fellow Americans,*
> *Ask not what your country can do for you*
> *Ask what you can do for your country.*
> *My fellow citizens of the world,*
> *Ask not what America will do for you*
> *But what together we can do for the freedom of man.*

Outro exemplo da integración na vida pública da sociedade norteamericana foi xustamente a implicación da comunidade galego-norteamericana na primeira campaña electoral do presidente Obama, que recibiu o apoio maioritario dos emigrantes galegos, como destacaron algunhas reportaxes xornalísticas:[11]

Os galegos norteamericanos teñen desempeñado e desempeñan tarefas profesionais diversas, entre as que predominan as do sector da hostelería e da construcción civil. Foi xustamente no mundo da construcción onde tradicionalmente destacaron os membros da comunidade galega, que foron contratados para realizar numerosas obras públicas e privadas en varias cidades dos Estados Unidos ó longo do século XX. Poderíamos referirnos a decenas de operarios e constructores galegos de prestixio en Estados Unidos. Un dos casos que pode simbolizar o éxito dos empresarios galegos no sector da construcción en particular é

---

[11] Cf.: *Faro de Vigo. Revista dominical*, 26/10/2008. Ano 7, nº 336.

o de Manuel Otero, propietario da empresa Lorton Contracting, digno sucesor dos traballos que comezara o seu pai, que chegou a Norteamérica procedente de Soutelo de Montes a principios de século. Lorton Contracting pasaría por ser unha firma empresarial máis das decenas que existen entre os galegos residentes en territorio norteamericano se non fose porque é das poucas constructoras norteamericanas que consegue contratos para facer obras en institucións ás que se lle supón unha rigurosa esixencia no control de calidade das empresas que contratan: concretamente o Pentágono e a Casa Branca. Pero os traballadores galegos non só destacan polos contratos con institucións relevantes, senón que son distinguidos con numerosos premios no sector profesional da construcción. O *Washington Building Congress Craftsmanship Awards*, que premia ós autores dos mellores traballos de albañilería e construcción en Estados Unidos

desde 1956, ten entre a nómina dos premiados a decenas de traballadores galegos. Na categoría de *masonry* (albañilería) foron ditinguidos José Abeijón, Constantino Cavadas, José María Cerdeira, Francisco Lorenzo, Charlie Otero e José Sieiro. Na categoría *exterior stone* (canteiría) foron recoñecidos, pola construcción do *Women in Military Service for America Memorial (Arlington Nacional Cemetery)*: Francisco Rodríguez, José Taboada, Iván Ventura, Cipriano Vidal, José Bugallo e Feliciano Villatoro.

Ainda que sería necesario debullar muitos aspectos sobre o papel dos emigrantes galegos en diferentes lugares e etapas históricas dos Estados Unidos, construindo relatos con diversas abordaxes metodolóxicas, tal vez un dos episodios máis senlleiros sobre a presencia e proxección da cultura galega en terras norteamericanas aconteceu ca chegada dos exiliados polos tráxicos sucesos da Guerra Civil española. Entre eles, atopábase Alfonso Rodríguez Castelao, que é unha personalidade fundamental da cultura galega contemporánea. Ademáis de político (foi ministro do goberno español no exilio), escritor e artista, é interesante destacar a súa condición de fillo de emigrantes. Chegou a Nova Iork en agosto de 1938 a bordo do buque "Ille de France". A súa estadía en "ianquilandia" (como denominaba humorísticamente ós Estados Unidos) remata en xullo de 1940, con un paréntese de tres meses no que fixo unha viaxe a Cuba convidado pola Irmandade Galega da Habana, entre novembro de 1938 e febreiro de 1939. Castelao quedou impresionado polas condicións de traballo dos galegos na Gran Mazá, onde desenvolvían múltiples cometidos profesionais como man de obra. Entre as súas reflexións sobre os galegos que coñeceu en Nova Iork, apuntou o seguinte: "Conservo na miña man dereita o estrechamento de milleiros de mans galegas, endurecidas polo traballo...Vin o triunfo e a derrota de moitos galegos, pero endexamais ollei a súa felicidade". Castelao comparou as duras condicións de vida dos emigrantes galegos ca marxinación dos negros norteamericanos, para os que desenvolveu múltiples accións políticas de carácter solidario, reivindicando para eles unha maior integración dentro dunha sociedade máis igualitaria. Desta etapa é a súa serie "Debuxos de negros", ademáis de escribir en xornais e realizar varias exposicións. A defensa dos intereses dos traballadores galegos e negros fixo que a Federación de Sociedades Negras de Nova Iork o distinguira nomeándoo "Presidente de Honor". Anos máis tarde da súa estadía norteamericana, escribiu un divertido artigo baseado nos apontamentos que tiña recollido en Nova Iork sobre a fala dos galegos, que denominou como o "galenglish" de "Unai Stei". O artigo, titulado "Lingoaxe que falan os galegos en Norte América" recolle muitas expresións dos galegos en Estados Unidos, que son unha simbiose entre o galego e o inglés. Castelao citaba, entre outros os seguintes exemplos: "Non teño chope" (Non teño traballo), "cerra o güindo" (pecha a fiestra), "vou a dar un pari" (vou a celebrar unha festa), "tes chenche dun peso?" (tes cambio dun dólar?), "chegaches tulái" (chegaches tarde), "veño da cona" (veño da esquina), "testeáronme o sangue" (analizáronme o sangue), "será mellor ir ao múvis" (será mellor ir ao cine), "esta rapaza está nais" (esta rapaza é bonita), "ti estás rait" (ti tes razón), "os bisnes son así" (os negocios son así), "caldo de chiquen" (caldo de galiña), "a miña sogra está sempre chorcha" (a miña sogra está sempre eirexa), "leva a ombrela que vai chover" (leva o paraugas que vai chover), "os poteiros están ben cocidos" (as patacas están ben cocidas).[12]

---

[12] Idem, p. 4.

Conclusións

A emigración galega ós Estados Unidos de América, precisa de estudos monográficos que permitan coñecer moitos aspectos ainda descoñecidos sobre o interesante papel desta importante comunidade de emigrantes que tivo que facer un enorme esforzo de adaptación e integración á cultura norteamericana. Os emigrantes galegos en Norteamérica crearon unha pequena pero estructurada comunidade galego-norteamericana formada actualmente por varias decenas de miles de galegos, espallados por diferentes zonas da xeografía norteamericana, pero maioritariamente concentrados nos Estados da costa Leste. Esta comunidade, que sempre mantivo unha forte identificación ca cultura galega, desempeñou un papel interesante na construcción da imaxe de Galicia nos Estados Unidos e conseguiu tecer redes de influencia e diplomacia pública na propia sociedade norteamericana para favorecer os intereses dos galegos. Un dos sinais do poder económico dos galegos é o conxunto de propriedades que foron acumulando os socios da Casa de Galicia en Nova Iork, onde tiveron unha presenza relevante ó longo do século XX, marcada, entre outros episodios simbólicos de importancia, pola estadía do intelectual galeguista Alfonso R. Castelao nos anos trinta, que destacou a forza de traballo e a capacidade de adaptación da comunidade galega.

Bibliografía

Eiras Roel, Antonio, e Rey Castelao, Ofelica, *Los gallegos y América*, Madrid, Editorial MAPFRE, 1992.

Guía Bibliográfica da Emigración Galega, Santiago de Compostela, Universidade de Santiago, 1992.

Núñez Seixas, Xosé Manuel, *O inmigrante imaxinario: estereotipos, representacións e identidades dos galegos na Arxentina (1880-1940)*, Santiago de Compotela, Universidade de Santiago, 2002.

Idem, *O galeguismo en América (1879-1936)*, Sada-A Coruña, Ediciós do Castro, 1992.

Villares, Ramón, e Fernández Santiago, Marcelino Xulio, *Historia da emigración galega a América*, Santiago de Compostela, Xunta de Galicia, 1996.

Villares, Ramón, *Historia de Galicia*, Vigo, Galaxia, 2004.

Peña Saavedra, Vicente (dir.), Fernández Santiago, Marcelino Xulio (coord.), *Repertorio da prensa galega da emigración*, Santiago de Compostela, Consello da Cultura Galega, 1998.

Sánchez Albornoz, Nicolás, *Españoles hacia América. La emigración en masa (1880-1930)*, Madrid, Alianza Editorial, 1988.

Santos, Ricardo Evaristo, *Política migratoria a Iberoamérica: aporte Brasil 1890-1950*, Sada-A Coruña, Ediciós do Castro, 1996.

Diplomacia, cultura e emigração
A comunidade luso-canadiana do Ontário 50 anos após a chegada ao Canadá – Um breve retrato

MARIA AMÉLIA PAIVA*

Foi com muita honra e gosto que aceitei o simpático convite da Fundação Luso-Americana e me encontro mais uma vez nesta magnífica cidade da Horta para partilhar convosco algumas reflexões sobre um dos tópicos do Seminário que aqui nos congrega e que nos desafiou para o debate de uma temática de tão grande pertinência.

Permitam-me que aproveite esta ocasião para agradecer a todas as outras entidades parceiras pela iniciativa e pela organização deste Seminário. Uma palavra especial de agradecimento ao Governo Regional dos Açores e à Direcção Regional das Comunidades pelo acolhimento tão simpático e profissional.

São objectivos da diplomacia portuguesa, da qual com muita honra sou uma das representantes, na área do relacionamento com as comunidades portuguesas espalhadas pelo mundo, como nas relações com outros Estados, a defesa e promoção dos interesses portugueses. No quadro dos sete vectores da acção internacional da diplomacia portuguesa, a promoção da língua portuguesa, é um dos vectores prioritários de actuação, complementar de vários outros eixos, como sejam, a construção europeia e o aprofundamento do papel e acção da CPLP (Comunidade dos Países de Língua Portuguesa).

A acção externa e, em particular no que respeita à política cultural externa, tem, entre outras linhas orientadoras, o desenvolvimento, em parceria com os

---

* Cônsul-Geral de Portugal em Newark.

Estados membros da CPLP, de uma estratégia de reforço e utilização da língua portuguesa como língua de comunicação internacional.

Aliados naturais nesta empresa, são obviamente as nossas comunidades e as suas organizações que, ao longo de décadas, de forma altruísta e com elevado espírito de missão e o sacrifício, e a persistência de muitos milhares de voluntários/as têm feito deste propósito, uma prioridade e uma bandeira. O relacionamento com as comunidades portuguesas reveste-se de uma enorme importância.

A promoção do conhecimento mútuo e da proximidade entre os portugueses/as da diáspora portuguesa espalhada por todos os continentes comporta imensas potencialidades de afirmação de Portugal no palco das relações internacionais, nomeadamente no domínio da divulgação da língua e cultura portuguesas, já que a língua, para além do grande potencial económico que encerra, é e pode continuar a ser cada vez mais um factor de união e do estreitar de laços em todas as áreas da vida em sociedade – da economia à cultura – passando pela vida cívica e política.

Neste sentido, essa estratégia visa também incrementar junto dos países de acolhimento da Diáspora formas de introduzir e garantir o ensino do português em currículos estrangeiros – das escolas básicas às universidades – como também através do uso intensivo das novas tecnologias de informação e comunicação para fomentar a aprendizagem do português como língua não materna.

As comunidades portuguesas espalhadas por todos os continentes são fundamentais nesta política de afirmação de Portugal no mundo. Essa política passa não só pela divulgação da língua e dos nossos valores históricos mas também pelo reforço da participação cívica e política dos portugueses da Diáspora, pelo acompanhamento e estímulo à sua integração social e cívica, pela valorização dos muitos casos de sucesso em todos os domínios, mas também pela melhoria dos instrumentos de ligação política e administrativa com as comunidades e não menos importante, o reforço dos laços com Portugal.

Tendo sucintamente relembrado o quadro de actuação da diplomacia portuguesa junto das comunidades portuguesas, gostaria de recentrar estas minhas palavras nas razões da minha presença neste Seminário. E ela prende-se sobretudo com a experiência no exercício de funções como Cônsul-Geral de Portugal em Toronto e desde há pouco mais de um mês em Newark (com competências no serviço público e de acompanhamento consular às comunidades dos Estados de New Jersey, Pensilvânia e Delaware) e, por essa razão, com algum conhecimento dos muitos sucessos e desafios com que se confrontam estas comunidades e a diplomacia portuguesa neste domínio.

Centrarei assim esta minha intervenção sobretudo no contacto e conhecimento de três anos e nove meses com as comunidades portuguesas do Ontário e Manitoba que, como todos sabem, se caracterizam pela sua grande expressão açoriana e que, posso agora afirmar, conheço um pouco melhor.

Não obstante a emigração portuguesa para o Canadá ter tido início legalmente em 1953, muitos são os dados que apontam para um grande aumento do fluxo emigratório nos anos que se seguiram à erupção do Vulcão dos Capelinhos. Estando na Horta, passados que são apenas dois anos das comemorações dos 50 anos do Vulcão não poderia deixar de mencionar este facto e o seu impacto na emigração portuguesa para o Canadá.

De facto e de acordo com os dados citados pelo Prof. José Carlos Teixeira, no livro "The Portuguese in Canada", na década de 60 a 69 emigraram para o Canadá 59.677 portugueses (e, apesar dos dados não estarem desagregados, sabemos que foram maioritariamente açorianos os que chegaram), comparativamente com a década imediatamente anterior com apenas 17.114 emigrantes.

Ao falar da diáspora portuguesa no Canadá, como em tantos outros destinos das nossas gentes, importa realçar que ao efectuar qualquer descrição dos portugueses/as na diáspora é fundamental referir a determinação, a coragem, o espírito de sacrifício que tantos dos nossos antepassados e contemporâneos, homens e mulheres, numa postura com que então e hoje, demonstraram e continuam a demonstrar, em circunstâncias tantas vezes de grande dificuldade e dureza do ponto de vista físico e espiritual, o grande valor e força que os caracterizam.

Não é minha intenção aprofundar nem as causas, nem o histórico dos factores mais longínquos ou próximos que estiveram na origem deste movimento migratório, esses são bem conhecidos de todos/as e estudados e analisados por muitos especialistas.

A comunidade portuguesa e luso-canadiana, e digo portuguesa porque muitos, apesar de viverem há muitos anos, mesmo décadas, no Canadá, não se tornaram cidadãos canadianos por considerarem, erradamente, uma "traição" o poderem passar a ser também cidadãos canadianos. Esta comunidade, junto da qual, com muita honra, representei o Estado Português enquadra-se no paradigma de tantas outras comunidades portuguesas espalhadas pelo mundo – trabalhadora, dinâmica e muito diversa e, no geral bem sucedida e razoavelmente integrada. Não obstante esses sucessos, esta comunidade encerra em si mesma um enorme potencial para alcançar mais elevados patamares de reconhecimento, nomeadamente a nível económico-social, mas também cívico e político e, em particular, nesta última vertente.

Na realidade, os cerca de 300 mil a 350 mil cidadãos/ãs de origem portuguesa que vivem hoje no Ontário e Manitoba podem encontrar-se em todas as áreas da vida económica, social e cultural destas Províncias, mas enfrentam ainda uma grande "invisibilidade" e, também por essa razão, um não cabal reconhecimento das suas contribuições.

Mesmo que muitos os queiram ainda "acantonar" e simplisticamente arrumar nas áreas tradicionais da construção civil e dos serviços domésticos e de limpeza, bem como na indústria manufactureira e dos serviços, cada vez mais, e em números crescentes são aqueles que desempenham funções no sector bancário (em todos os níveis, mesmo nos de mais elevada responsabilidade), nos serviços governamentais e municipais, nas empresas, nas universidades, no exercício da advocacia ou da medicina, na engenharia, na assistência social, para além de muitos pequenos e médios empresários e algumas grandes empresas de dimensão nacional e internacional.

Enfim, os luso-canadianos estão presentes um pouco em todas as áreas, não esquecendo a comunicação social, a música, a moda e as artes em geral, entre as quais a literatura.

Apesar de ainda com uma expressão limitada, mesmo na vida política, a comunidade da Província do Ontário tem conseguido nos últimos anos algum progresso – a nível federal apenas um deputado, e a nível provincial dois deputados, sendo que um deles tem a responsabilidade da pasta do Trabalho, e um presidente de Câmara.

Se me disserem que é já bastante, só posso discordar. Creio que se analisarmos o peso demográfico e o poder económico e social que alcançaram em pouco mais de 50 anos, poderiam chegar muito mais longe e ter ainda mais eleitos de origem portuguesa em todos os níveis do poder – do municipal ao federal. Nos núcleos de maior concentração demográfica da comunidade – Toronto e Mississauga – não existe, de momento, nenhum vereador/a luso-canadiano/a.

Por outro lado, e não obstante vários esforços e a persistente insistência por parte da diplomacia portuguesa e dos seus diversos representantes, é fulcral continuar a apelar a que a comunidade se una de forma mais efectiva em torno de projectos comuns sejam eles de beneficência, culturais, económicos ou políticos, pois tem todas as condições nomeadamente as económicas para, como outras comunidades, ser mais visível e interveniente em vários campos, defendendo e abrindo portas para todos os seus membros mas também para o aprofundamento de relações mais estreitas entre a Província e Portugal.

Uma maior participação cívica e política da comunidade, visando entre outros objectivos a salvaguarda dos seus interesses e a preservação dos seus valores para as gerações futuras no país multicultural, que é o Canadá, devem passar a ser de forma mais determinada objectivos centrais da comunidade e das suas organizações. O apoio económico e financeiro da comunidade é fundamental para a sustentabilidade desse outro objectivo, o de poder contar com um maior número de luso-canadianos em lugares de relevo da vida política canadiana.

Permitam-me, neste quadro, que vos dê conta brevemente de uma das iniciativas que, em colaboração com organizações e voluntários/as da comunidade de Toronto desenvolvi neste domínio – o da participação cívica e política.

Por estar consciente e convicta das vantagens que a comunidade luso-
-canadiana e Portugal podem retirar de uma postura mais activa e empenhada
na vida cívica e política canadiana, trabalhei ao longo desses três anos e nove
meses como Cônsul-Geral na promoção de uma reflexão aprofundada e de uma
consciencialização de que a comunidade luso-canadiana, as gerações mais novas
e as mulheres, podem e devem com vantagem para todos, ser mais intervenientes
nos vários patamares da cidadania.

Assim, no seguimento dos "Encontros para a Cidadania. Conferência sobre
participação Cívica e Política. Igualdade de Oportunidades entre Mulheres e
Homens nas Comunidades Portuguesas", que tiveram lugar em Toronto a 16
e 17 de Março de 2007 e dos Encontros que se lhe seguiram subordinados ao
tema "Porque não participar?/Why not participate?" teve lugar a partir de 18 de
Outubro de 2008, nas instalações da *Maytree Foundation*, o Curso de Formação em
Liderança/Desenvolvimento de Competências para jovens luso-canadianos/as.

O Curso, em quatro sessões, no qual participaram 16 jovens luso-canadianos,
surgiu como resposta às reflexões e solicitações efectuadas sobretudo pelos jovens
que participaram nos Encontros de Cidadania "Porque não participar?/Why not
participate?", encontros esses que tiveram lugar no Consulado-Geral respectivamente a 10 de Novembro de 2007 e 12 de Abril de 2008 e nos quais estas questões foram debatidas com grande abertura e profundidade. Nos encontros acima
referidos participaram vários dirigentes dos Clubes e Associações luso-canadianos
e muitos/as dos/as jovens que entretanto efectuaram e concluíram o curso são
já activos nessas organizações. A necessidade de melhorarem as suas competências nestes domínios foi uma das grandes motivações para integrarem o Curso.

Desta experiência e das muitas conversas e contactos com elementos da
comunidade e sobretudo do que escutei dos mais novos, estou convicta que a
comunidade precisa de apostar de uma forma mais efectiva e concreta nas novas
gerações e proporcionar-lhes as ferramentas necessárias para serem líderes, quer
no âmbito da comunidade luso-canadiana, quer na comunidade canadiana.

As gerações mais novas, que fui conhecendo, tendo naturalmente uma forma
diferente de se relacionarem com o conceito de ser português em comparação com
os seus pais e avós, como aliás os jovens em Portugal, têm não obstante um forte
orgulho nas suas origens portuguesas. Talvez não tenha sido sempre assim, e sei
que alguns ou muitos enfrentaram dilemas no assumirem plenamente a herança
cultural em que cresceram, até porque importa falar claro e não esquecer a existência de formas subtis de discriminação que foram e infelizmente continuam a
ser uma realidade.

No geral e do que fui observando com estudantes universitários e jovens nas
associações e clubes, creio que hoje a situação é a de uma postura mais positiva
em relação ao ser português. Alguns jovens estão mais informados sobre Portugal

e estão de melhores relações com a sua herança portuguesa. Por outro lado, percebem as vantagens do ser português e ter um passaporte europeu, e vão estando mais despertos para as oportunidades de estudos, empregos e mesmo negócios que se lhes podem abrir se falarem a língua de Camões.

Não obstante o percurso já feito, e para além da importância de uma maior intervenção cívica e política, os níveis de educação secundária e universitária das crianças e jovens da comunidade luso-canadiana, são ainda insatisfatórios e continuam a ser uma área em que líderes comunitários e famílias precisam de continuar a investir, já que apesar de algum progresso, muito mais pode e deve mudar.

Só dessa forma, a comunidade no seu todo, poderá ter acesso a lugares de maior responsabilidade e mais elevadas remunerações. Só a educação e a qualificação, neste início do século XXI, poderão permitir à comunidade alcançar outra ascensão social e profissional e uma efectiva influência e acesso ao poder nos mais variados domínios.

Se o projecto de emigração foi para grande número dos nossos emigrantes bem sucedido, apesar de todas as dificuldades de adaptação por que tiveram de passar, alguns há, mesmo que felizmente em número pouco significativo, que enfrentaram e enfrentam hoje dificuldades. Refiro-me sobretudo às pessoas mais idosas que por vezes vivem situações de algum isolamento e dificuldade por terem rendimentos modestos. A comunidade e as suas organizações, nomeadamente as da Igreja, têm sido sensíveis a estes problemas e têm criado programas dedicados a estes cidadãos que nalguns casos têm dificuldades linguísticas e culturais que não lhes permitem usufruir dos apoios canadianos. O mesmo se passa com as pessoas com deficiência, mas aí a comunidade soube unir-se em torno da Sociedade Deficientes Portugueses de Toronto e da organização equivalente em Hamilton que, com apoios vários, nomeadamente do Governo Português, está hoje a dar uma resposta profissional e integrada a um grupo considerável de pessoas com necessidades especiais.

O Portugal do século XXI é um país que, como em várias outras épocas da nossa história, enfrenta desafios mas também oferece muitas oportunidades e sinto que gradualmente as gerações mais novas se dão conta disto mesmo e não se limitam a querer saber mais apenas sobre a nossa história e cultura.

Esse é, creio, um dos desafios mais prementes para as nossas comunidades e para a diplomacia portuguesa. O do estreitar e qualificar os laços e o conhecimento entre os portugueses que permanecem em Portugal e aqueles que por esse mundo fora continuam a ser digníssimos representantes da nossa língua, cultura e tradições.

Por último, permitam-me que neste contexto refira a importância de organizações, outras que não os clubes e associações, como é o caso dos órgãos de comunicação social em língua portuguesa que, neste início do século XXI, dão tantas vezes um contributo particularmente eficaz na facilitação de laços mais intensos com as diversas comunidades que compõem o Canadá, nomeadamente nas áreas da promoção e difusão da língua e cultura portuguesas.

Esses laços, e esse conhecimento mais alargado muito têm a ganhar as novas formas de comunicação e essa é também uma responsabilidade muito especial dos órgãos de comunicação social – nomeadamente através da internet. Cabe-lhes não só informar mas igualmente constituir um espaço de formação e de divulgação das actividades das comunidades onde se encontram, nomeadamente com vista a promover a sua bem sucedida integração na vida canadiana em todas as áreas.

Comunidades Euro-Atlânticas nos Estados Unidos da América
Emigração Portuguesa (Açoriana) na Califórnia e Estados Unidos – Experiências empresariais

TONY GOULART*

Estou grato aos organizadores deste encontro, nomeadamente a Fundação Luso--Americana e a Direcção Regional das Comunidades dos Açores pelo convite para participar nesta troca de conhecimentos e oportunidade única de aprendizagem. A minha presença só se poderá situar no contexto da minha ligação ao empresariado português na Califórnia, ao facto de ter sido impulsionador e co-fundador da segunda Câmara Portuguesa de Comércio da Califórnia em 1991 (a primeira foi fundada em San Francisco em 1912 e teve uma existência curta), e pelo facto de estar associado à editora comunitária, *Portuguese Heritage Publications of California*, cuja actividade nos últimos oito anos tem incidido no levantamento e pesquisa da história da presença portuguesa naquele estado, com a finalidade de a preservar, publicar e difundir às gerações de luso-americanos que, frequentemente, carecem de elementos credíveis para poderem perpetuar a sua ligação afectiva aos seus progenitores e antepassados. Não sendo sociólogo, com a devia vénia e autorização, socorri-me de elementos de estudos dos meus amigos Doutores Alvin R. Graves e Glória de Sá, da Universidade de Dartmouth, Massachusetts.

O ênfase desta apresentação, embora com algumas alusões de carácter mais abrangente à emigração portuguesa para os Estados Unidos, recai naturalmente sobre a minha experiência e conhecimento sobre a emigração para o estado da

---

* Empresário, Califórnia, EUA.

Califórnia. Note-se, porém, que certos dados específicos dos censos da população estado-unidense não reflectem apenas a realidade californiana. Nesses casos, tive de recorrer a estatísticas a nível nacional.

Embora outros portugueses possam ter pisado o solo californiano desde o século XVI, de acordo com o investigador, Prof. Eduardo Mayone Dias,[1] a emigração portuguesa propriamente dita para aquele estado, remonta a 1814, quando o minhoto António José da Rocha – nascido em 1790 na freguesia de São Tiago de Sopo, próxima de Vila Nova de Cerveira – terá desertado com um companheiro na *schooner* inglesa "Columbia" ancorada na baía de Monterey. Esta embarcação fazia escala comercial entre a Inglaterra, China, Hawaii e a costa do Pacífico da América do Norte. Desconhecem-se as razões e contexto que o levaram a tornar-se membro da tripulação deste barco. Porém, e contrariamente ao que acontecia aos desertores destes navios, que rapidamente eram detidos pelas autoridades espanholas e devolvidos ao capitão para serem punidos, Rocha e o seu companheiro terão tido melhor sorte. O investigador aponta para o facto de serem católicos como uma das possíveis razões para este tratamento preferencial.

Apesar de eu desconhecer a existência de uma comunidade e de referências à presença galega na Califórnia, Dias identifica o companheiro de Rocha como sendo um galego. A aparente desconexão entre a emigração galega e a portuguesa, na sua maioria oriunda dos Açores, para a Califórnia, fica aqui este registo interessante no contexto deste Encontro em que a reflexão recai sobre a emigração destes dois grupos para os Estados Unidos. Para além dos paralelos possíveis nas razões, distribuição demográfica e ocupações profissionais dos referidos grupos, é interessante registar esta coincidência episódica que marca o início da emigração portuguesa para a Califórnia.

A emigração portuguesa e açoriana para os Estados Unidos tem a sua génese no final do século XVIII, e está intimamente ligada à expansão da indústria baleeira na costa leste dos Estados Unidos. A intensa caça dizimou a espécie nas regiões costeiras e a dureza do trabalho fez escassear quem quisesse entregar-se a tão dura actividade profissional. Daí resultarem viagens mais longas e longe da costa do leste dos Estados Unidos à procura do precioso líquido (azeite) resultado da transformação do toucinho da baleia, extremamente importante na iluminação e lubrificação de equipamentos de uma época industrial em pleno desenvolvimento e, por outro lado, a escassez de tripulações que se quisessem dedicar a tão dura faina como forma de ganhar a vida, preferindo as ocupações agrícolas ou os trabalhos nas fábricas das indústrias têxteis que então começam a aparecer em enorme número. Os peritos nesta área consideram que Aaron Lopez, judeu de

---

[1] Dias, Eduardo Mayone. *The Portuguese Presence in California*. San Jose, CA: Portuguese Heritage Publications of California, 2009.

ascendência portuguesa e industrial ilustre da caça à baleia, proprietário de mais de duas centenas de barcas, terá tido um papel preponderante nesta fase inicial da nossa emigração.

As barcas baleeiras americanas encontraram nos Açores – particularmente nas ilhas dos grupos central e ocidental – a resposta a esses dois problemas cruciais, nomeadamente um ponto de reabastecimento (porque as viagens eram por vezes muito longas), e uma fonte de recrutamento fácil de jovens em condições económicas desesperantes, que sonhavam com melhor vida, e que não objectavam às condições brutais da vida a bordo (ainda que desconhecida de muitos!) a que seriam submetidos, a troco de uma passagem para a América. Era o início da "emigração a salto", realizada durante a noite, na clandestinidade, nas calmas baías das Flores, Faial, Pico e São Jorge. Esta prática tornou-se tão frequente que, em 1870, Antão de Almeida, então Governador dos Açores, registava, *"...um vasto número de açoreanos do grupo ocidental das ilhas embarcou como membros da tripulação em 200 barcas americanas que estiveram nas proximidades das ilhas dos Açores".*

Nos finais do sec. XVIII, já existem relatos de açorianos em Martha's Vineyards, mas as suas ocupações continuam a ser dominadas pela caça à baleia nas barcas americanas. No primeiro quartel do século XIX, começa a emigração propriamente dita com fixação permanente e o estabelecimento dos portugueses em números significativos na costa leste dos Estados Unidos. Uma parte encontra trabalho em quintas e na agricultura, uma outra parte dedica-se à pesca, sem descurar a caça à baleia. Em 1850 cerca de um terço dos tripulantes das baleeiras de New Bedford e Newport eram portugueses. Contudo, a maioria dos pioneiros desta emigração sem grandes recursos acabou por não ter outra solução para além de ir preencher postos de trabalho para mão-de-obra não-qualificada – e por isso menos remunerada – nas fábricas da Nova Inglaterra, onde a indústria têxtil então experimentava uma fase de grande prosperidade e grande expansão. A tendência migratória açoriana na costa leste dos EUA seguiu a tendência natural dos outros grupos de europeus, que procuraram primariamente as cidades para responder às suas necessidades de emprego. Note-se que este tipo de emprego, apesar de árduo e mal remunerado, exigindo por vezes longos horários de trabalho, oferecia contudo, estabilidade e não era de carácter sazonal.

Na Califórnia, o início do processo é um pouco mais tardio e a emigração portuguesa não tem muita expressão – sendo em parte uma consequência maior da escassez de baleias que forçaram a frota baleeira até ao Pacífico – até à descoberta do ouro, em 1849. Necessário será dizer também que o povoamento da Califórnia só sofre um aumento significativo a partir dessa altura. Em 1848, a população total do estado (excluindo os nativos) rondava apenas cerca de 15 000 habitantes. Em 1850, esse número já atingia cerca de 92 000, e em 1900 rondava 1,5 milhões de residentes. Convém também recordar que, de acordo com os dados dos Censos, apenas 109 portugueses foram identificados na Califórnia em 1850. Em 1860 eram cerca de 1 500 e, dez anos mais tarde, ainda apenas cifravam 3 435 pessoas. Apenas entre 1880 e 1920 se pode falar objectivamente de vaga de emigração portuguesa (açoriana) para a Califórnia. Nesse período, o número de portugueses subiu de 13 159 para 35 000.[2]

Com a instituição da prova de leitura e escrita obrigatórias, como critério fundamental para concessão de vistos, em 1917, a reforma das leis da emigração em 1921 e o estabelecimento das quotas para cada país – tendo sido atribuída a mísera quantia de 400 vistos por ano para Portugal, que nem sempre atingiu esse total por restrições destinadas a evitar a deserção e à perda da mão-de-obra e evasão militar – a emigração para os Estados Unidos sofreu uma diminuição tremenda até meados de 1950. Esse fenómeno foi acompanhado também por uma quebra acentuada no trabalho por conta própria entre a população dos Estados Unidos e, consequentemente entre os imigrantes portugueses. Este padrão acentuou-se a perdurou até ao último quartel do século XX.

Apesar da primeira vaga de emigração ter sido confrontada com um alto nível de analfabetismo, uma experiência agrícola muito primitiva e rural, de ser destituída de qualquer experiência técno-industrial, conseguiu ultrapassar esses obstáculos e ser, na generalidade, bem sucedida através da compensação de uma vontade de ferro, enorme dedicação e trabalho árduo. Eles foram capazes de estabelecer instituições próprias (sociedades de socorros mútuos, igrejas, irmandades do Espírito Santo, e jornais – inclusivamente diários – que ligavam e quebravam o isolamento e as distâncias geográficas das diversas comunidades). Viveram anos de grande prosperidade entre 1900-1930. Experimentaram em primeira mão as dificuldades da Grande Depressão económica e ultrapassaram as consequências da Segunda Guerra Mundial, ao mesmo tempo que as segundas e terceiras gerações se integravam paulatinamente na sociedade norte-americana como cidadãos de pleno direito, singrando com sucesso nas mais variadas actividades profissionais que desempenharam.

No final da década de 1950 e até 1977, ocorre a segunda vaga de emigração portuguesa para os Estados Unidos. Milhares de portugueses deixam as pobres condições de vida do seu país para se estabelecerem no Canadá e cerca de 100 000 açorianos radicaram-se nos Estados Unidos. Hoje a Califórnia conta com 36.5 milhões de habitantes. Destes, cerca de 1% são portugueses e estima-se que cerca de 95% sejam de origem açoriana. Este segundo movimento está popularmente associado aos danos causados pela erupção do vulcão dos Capelinhos nos Açores, que facilitou a atribuição de vistos especiais por parte das autoridades americanas às pessoas afectadas. Frequentemente apelidada de "emigração dos

---

[2] *U.S. Census of the Population and U.S. Bureau of Immigration*

Capelinhos, esta onda de emigração tem muito mais a ver com o abrandamento das políticas severas de emigração estado-unidense e a necessidade de mão-de--obra no período pós-segunda Guerra Mundial, a liberalização da legislação da emigração e a consequente abolição do sistema de quotas migratórias em 1965, do que propriamente com a erupção dos Capelinhos.

O Quadro 1, ilustra as transformações no processo migratório e a distribuição demográfica dos portugueses nos Estados Unidos, incluindo já segundas e terceiras gerações.[3]

QUADRO 1 – População portuguesa nos Estados Unidos
Por anos, estado, números absolutos e percentagens

Estado/Região	1870 #	%	1900 #	%	1930 #	%	1960 #	%	2000 #	%
Califórnia	3 435	40	15 583	32	99 194	36	97 489	35	358 281	33
SE Nova Inglaterra	2 965	34	21 405	45	138 874	50	134 413	48	460 024	43
New York/N.Jersey	334	4	885	2	12 857	5	20 430	7	130 050	12
Hawaii	0	0	7 668	16	19 121	7	9 325	3	60 096	6
Todos os demais	1 871	22	2 558	5	8 680	3	15,745	6	62 850	6
TOTAIS	8 605	100	48 099	100	278 726	100	277 402	100	1 071 301	100

Fonte: *U.S. Bureau of the Census*

Tanto a primeira, como a segunda vaga de emigração portuguesa era composta primariamente por camponeses que se fixaram em zonas urbanas, onde encontraram emprego. Porém, o fenómeno na Califórnia apresenta características algo únicas e diferentes de todos os outros estados. As actividades económicas a que se dedicaram os membros da primeira onda de emigração portuguesa para o oeste tinham um cariz diferente da quase exclusividade do trabalho na fábrica oferecido no leste. Na Califórnia, para além da prospecção do ouro (Sacramento, Serra Nevada e Hawkinsville), corte de madeira e serviços florestais (Fort Bragg e Arcata), da pesca e da baleação costeira (toda a costa californiana, San Diego, Monterey, Half Moon Bay e rio de Sacramento), os portugueses dedicaram-se à horticultura (Alameda, San Joaquin, e Marin County), floricultura (Half Moon Bay) fruticultura (Lincoln e vales de Sacramento e vinhas no vale de Santa Clara), agro-pecuária, guarda de rebanhos (Nevada e vale de San Joaquim), criação de ovinos e suínos (por toda a Califórnia), às actividades agrícolas e agro-pecuárias (Marin, Sacramento e vale de San Joaquim), e às actividades hoteleiras, transportes, bancárias e serviços (San Francisco, Sausalito, San Rafael e Centerville (Fremont)).

---

[3] Graves, Alvin Ray. *The Portuguese Californians: Immigrants in Agriculture*. San Jose, CA: Portuguese Heritage Publications of California, 2004.

Em 1854, os portugueses detinham 70% do mercado hortícola no condado de Alameda, na Califórnia. Em 2004, os mesmos portugueses e luso-descendentes ainda detêm 47% das explorações leiteiras da Califórnia.

As principais ocupações dos pioneiros da primeira onda de emigração para a Califórnia estão amplamente descritas no Quadro 2.

QUADRO 2 – Ocupações dos portugueses na Califórnia em 1880
Por regiões

Principais Ocupações	Costa Norte	Centro Norte	Interior Norte	Costa Central	Vale Sacram	Vale S. José	Montanhas	Sul da Calif.	CALIFORNIA #	%
Camponeses/Agric.	7	32		1 011	157	53	49	10	1 319	23.3
Leiteiros	1	2		89					92	1.6
Criadores animais	1	2		28	3	29	7	2	72	1.3
Proprietários	9	36		1 128	160	82	56	12	1 483	26.2
Camponeses/Agric.	5	38	1	840	119	149	25	11	1 188	21
Leiteiros	6	7		177				2	192	3.4
Criadores animais	29	54	2	1 294	212	91	108	21	1 811	32.0
Trabalhadores	40	99	3	2 311	331	240	133	34	3 191	56.4
Baleeiros				15				32	47	0.8
Pescadores				26	42	2	1	4	75	1.3
Outros				92	7	1		5	105	1.9
Marítimos				133	49	3	1	41	227	4.0
Tr. Florestais	66			16	2				84	1.5
Expl. Minérios	1	172	16	19	74	2	229	1	514	9.1
Serviços	1			106	18	11	6	6	148	2.6
Outros				8	1				9	0.2
TODAS AS OCUPAÇÕES	117	307	19	3 721	635	338	425	94	5 656	100%

Fonte: *Graves*, Portuguese Californians

Note-se que o nível de proprietários ou trabalhadores por conta própria rondava os 26% da população, um índice bastante elevado, mesmo considerando os níveis actuais que apresentarei um pouco mais adiante nesta exposição.

Apesar de ousada da minha parte, sou tentado a retirar a ilação que a abundância de terreno disponível que os nossos pioneiros da Califórnia vieram encontrar – especialmente após a introdução dos sistemas de rega nos áridos campos do vale central da Califórnia – a diversidade, a dispersão geográfica e a ruralidade tenham contribuído para um certo clima de individualismo e independência. Acresce que a incerteza e consequente necessidade de encontrar defesas para a própria sobrevivência teriam produzido ou forçado um clima propício ao empreendorismo que parece ser um pouco mais prevalente nos emigrantes luso-americanos da Califórnia, originando aparentemente um mais elevado nível de sucesso económico. A vontade inquebrável e o estímulo à criatividade e ao emprego por conta própria parecem ter sido mais "cultivados" no oeste. Aqueles que se lançaram à aventura – quantas vezes frustrada – da prospecção do ouro, tiverem de improvisar para sobreviver de um modo totalmente diferente do que os que se remediavam com os magros, mas constantes, salários fabris da costa leste dos Estados Unidos.

Na Califórnia, algumas condicionantes a nível de ocupações profissionais parecem contrapor com as condições a que estiveram sujeitos os emigrantes que se radicaram na costa leste dos Estados Unidos em ambientes mais urbanos, mais concentrados com gente da mesma nacionalidade, mais fabris e com maior facilidade de emprego mas, ao mesmo tempo, mais redutor e menos propício ao empreendorismo individual como forma alternativa de sobrevivência e como um retardador da aprendizagem da língua e de uma integração mais rápida na sociedade americana. O risco associado com o trabalho da fábrica poderá ter sido menor, mas também por outro lado poderá ter minimizado a criatividade dos próprios emigrantes e a sua capacidade e oportunidade de promoção profissional e, porventura, uma maior capacidade de iniciativa para o emprego por conta própria, como parece indicar um ligeiro desnível de alguns dados estatísticos quando comparando os portugueses da Califórnia com os seus parceiros de Massachusetts e Rhode Island.

QUADRO 3 – População agrária rural portuguesa nos Estados Unidos em 1960
Por estado e região

Estado/Região	População Port. Total	% de Explorações	N.º de Explorações
Califórnia	97 489	15.6 %	15 208
SE Nova Inglaterra	134 413	1.00	1 338
New York/New Jersey	20 430	0.41	84
Hawaii	9 325	2.70	252
Todos os demais	15 745	3.77	594
TOTAL	277 402		17 476

Fonte: *Graves*, Portuguese Californians

Segundo Graves, essa tendência ruralista continuou a acentuar-se com a segunda vaga de emigração, ao referir: "Os Portugueses contam-se entre os mais rurais de todos os grupos nacionais estrangeiros na Califórnia após 1920". Só para ilustrar esta situação única, veja-se o Quadro 3, onde se nota que em 1960, as 15 208 explorações agrícolas e agro-pecuárias da Califórnia representavam

85% do total para os portugueses residentes nos Estados Unidos. Naturalmente que muitas destas empresas eram de dimensão muito reduzida e geridas pelo núcleo familiar.

Suponho que quer a primeira, quer a segunda vaga de emigração portuguesa para os Estados Unidos – transplantada de um ambiente primariamente rural para um sociedade industrial ou tecnológica – enfrentou grandes dificuldades de adaptação, por escassez de recursos e de capacidades pessoais, mas o panorama é completamente diferente para as segundas e terceiras gerações que, apesar de uma cultura e vivência tradicionalista no ambiente familiar, já são americanos por nascimento e direito e estão expostos a outras oportunidades inexistentes para os emigrantes, salvo raras e meritórias excepções.

Glória de Sá reconhece que a reestruturação económica que teve lugar no início da década de 1970, que afectou profundamente as comunidades portuguesas radicadas em Massachusetts e Rhode Island, com o declínio da indústria e o desaparecimento dos trabalhos "blue collar" precipitados pelo início da economia de serviços, veio também forçar alguns imigrantes a estabelecerem-se por conta própria.[4]

QUADRO 4 – Evolução do Empresariado por ano e grupo: 1970-2000 (sexo masculino)

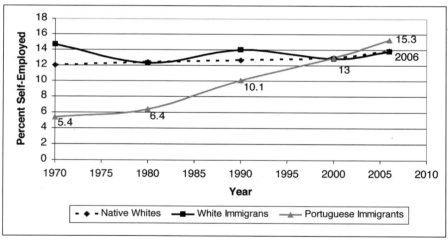

Hoje em dia, a comunidade portuguesa dos Estados Unidos pode orgulhar-se de estar a um nível de emprego por conta própria equivalente aos níveis da sociedade americana em geral, como se poderá depreender pelo Quadro 4, da

---

[4] Sá, Maria da Glória. "The Portuguese of the U.S. and Self-Employment". University of Massachusetts, Dartmouth, 2008 (unpublished research)

autoria da Professora Glória de Sá. A caminhada ascendente desde 1970, quando apenas contávamos com um nível de cerca de 50% dos brancos nativos americanos, é digna de registo.

Poder-se-á especular se a indústria de Hi-Tech no Silicon Valley da Califórnia poderá ter tido um efeito oposto ao do encerramento de grande parte das fábricas de Fall River e arredores. É possível, mas ao que parece não terá tido um impacto notável ao nível dos índices de emprego por conta própria na comunidade portuguesa.

A ilustração que se segue dá-nos uma ideia das áreas preferidas pelos empreendedores lusos nos Estados Unidos. Os valores apresentados representam uma imagem a nível nacional e terão de certo variações consideráveis para as duas maiores comunidades concentradas nas duas costas do Atlântico e Pacífico dos Estados Unidos.

QUADRO 5 – Emprego por conta própria – Imigrantes Portugueses: EUA, 2000 (homens)

- Serviços Pessoais 3%
- Diversos 14%
- Agricultura e Pescas 15%
- Serviços Profissionais 3%
- Reparações e Serviços 11%
- Retalhistas e Vendedores por atacado 20%
- Construção civil 34%

Fonte: *Glória de Sá*

Se por um lado, a restauração, os retalhistas, e as empresas de carácter étnico têm grande expressão na costa leste dos Estados Unidos e são praticamente inexistentes na Califórnia, na construção civil e agricultura a prevalência vai para este estado (uma das áreas de maior expansão demográfica nas últimas décadas), enquanto que as pescas predominam no leste. Nos restantes sectores observo que há um equilíbrio entre as duas comunidades. Praticamente em todos os sectores da vida económica se encontram empresas de portugueses ou luso-descendentes, excepção talvez feita aos sectores de alta tecnologia e farmacêutica.

Sem querer cair na tentação de generalizações absurdas, porque os dados disponíveis são escassos, será no entanto justo salientar que apesar da predominância de determinado sector numa área, não é garantia que as maiores empresas desse sector se encontrem nessa região geográfica. E explicito que, mesmo que a construção civil seja uma actividade predominante na Califórnia, creio que a maior empresa de construção civil de portugueses se situa no estado de Massachusetts; embora as pescas sejam típicas do leste, uma das maiores empresas de distribuição de pescado situa-se na Califórnia; e o mesmo se verificando na agro-pecuária que é uma actividade predominante na costa do Pacífico, mas que tem o seu maior produtor em Idaho.

Consciente das limitações destas considerações, espero que as mesmas possam enriquecer o conhecimento dos presentes da dimensão, pujança e importância empresarial das comunidades portuguesas nos Estados Unidos.

Emigrar no Atlântico
O papel dos média ontem e hoje na história da emigração açoriana na América

JOSÉ MARIA LOPES DE ARAÚJO[*]

Nos anos sessenta ir para a América era como partir para o outro mundo.
As despedidas eram feitas como se ninguém se voltasse a ver.
Como se se morresse nesta vida. Olhava-se os que iam como se os que partissem fossem heróis, felizardos e traidores tudo ao mesmo tempo.
A dificuldade começava na obtenção da preciosa carta de chamada ou do contrato de trabalho, as romarias a São Miguel ao Consulado Americano, a entrevista, até à obtenção do sagrado visto para entrar no céu.
Só depois é que iam com o visto à agência marcar passagem que seria paga a prestações e com fiança. Depois finalmente a partida...
A partida com a melhor roupa que tinham... a família toda em carros de praça para a cidade. Os abraços intermináveis. O choro de quem se separava para sempre!
Nunca tantos mortos se despediram em vida dos seus.
Ali no aeroporto de Santa Maria, onde vivi e cresci, vi passar milhares dos nossos emigrantes a caminho da América.

---

[*] RTP – Rádio e Televisão de Portugal.

Sábado, 7 de Março de 1965, Santa Maria

Hoje o tempo amanheceu chuvoso. O Pico Alto está coberto e farrapos de nuvens chegam dos montes até aos tanques. Mal se vêem os emissores.
Meu pai leva-me pela mão ao terminal. Gosta que eu vá com ele aos sábados. Eu também! Para ele o jornal que chegou de São Miguel, a rotina do café, o engraxar os sapatos. Eu bebo uma laranjada... o gás entope-me o nariz (ainda adoro a laranjada da Melo Abreu) e como um bolo de arroz. O terminal está cheio.
Chegaram dois Doves e um Dakota vindos de Santana, de São Miguel. Saiem das nuvens sobre o mar espumoso, balançam e poisam na pista molhada.
No terminal, nos bancos em frente da Alfândega, estão famílias inteiras. Juntam-se encostados, como a protegerem-se, as crianças ao colo, sacos, malas e cestos em vime. Parece um remake dos Emigrantes de Domingos Rebelo em versão aeronáutica. Não se separam um instante. Choram desde que chegaram. Não choram alto... mas as lágrimas correm desde que desembarcaram, ainda o dia rompia... A eles juntam-se de hora a hora, mais e mais que irão encher o Pan American que vai chegar à hora de almoço.
Fico a vê-los depois, a subirem a escada do avião, a desaparecerem pelo escuro da porta, a entrarem para dentro da América em cheiros e línguas diferentes de avião estrangeiro... Porta fechada, rugido de motores, o cheiro a petróleo, um fumo que fica no ar... quase um ponto no céu rumando a oeste...
Até à América...

Na América a chegada era o deslumbramento das primeiras horas. A dimensão do país, as auto-estradas, os familiares que já lá estavam com carros enormes, casas com frigorífico cheio onde nada faltava, novos hábitos de higiene e de relacionamento social. Depois, quando começavam a trabalhar, dias depois, o choque da língua e dos costumes diferentes. Fábricas a perder de vista no matraquear das máquinas e no vapor ou na construção civil com temperaturas negativas, gelo na estrada e a dificuldade de perceber o que aquela gente dizia. Essa era a pior dificuldade. Não perceber porque o *Boss* gritava, porque insistiam com eles, não perceber o que tinham direito, não perceber como se vai para casa, não perceber para que serve a máquina automática...

Em casa finalmente falavam português, o tempo de todo um dia à espera, como se a língua fosse o refúgio, a segurança, a protecção, a ligação à raiz e à identidade que teimava em sobreviver.

Ao domingo ir à missa era a primeira comunicação com Portugal. O ritual era igual, apesar dos santos parecerem diferentes, os altares mais despidos e os vitrais não eram como os nossos. Mas o padre português, o encontro com outros portugueses que viviam perto, as orações ditas na mesma língua, os rituais iguais aos de sempre, traziam a proximidade da ilha e as saudades da freguesia e da manhã no adro. A igreja foi na nossa emigração, e ainda é, um factor de aproximação da comunidade, de coesão e de organização de eventos e festividades. Dali e do salão paroquial adjacente saíram os primeiros impérios e coroações do divino, os jantares pelas festas, a ajuda a quem chegava ou a quem perdia um familiar.

De Portugal as notícias vinham nas cartas que demoravam a chegar escritas por alguém da freguesia e a pedido. A resposta seguia logo em envelopes azuis e vermelhos com muitas páginas a contar tudo, embrulhando uns *dollars* para a família. Sabia-se de Portugal também por quem chegava por último, que contava as novidades, ou por algum que já vivia bem e há anos na América e que voltava à ilha pela primeira vez espalhando riqueza e bem-estar.

Fui aos Estados Unidos pela primeira vez em 1964. Era criança ainda mas lembro-me de tudo como se de um filme que tivesse acabado de ver. Da primeira noite em Bridgeport-Connecticut sem conseguir dormir, de ver os filmes de *cow-boys* no grande televisor da sala e de descobrir a manteiga de amendoim, enquanto toda a noite se ouviam as sirenes da polícia e as ambulâncias na Main Street.

Nessa altura, pela mão de meu pai que nunca deixou de estar ligado aos jornais e à Comunicação entrei pela primeira vez no velho Diário de Notícias de New Bedford (antecessor do *Portuguese Times*) a ver o Sténio Alves.

Aí percebi que depois de muito trabalhar ainda havia portugueses mais esclarecidos que davam um pouco de si na feitura de jornais portugueses ou a colaborarem na rádio.

Conheci também nessa altura e mantive sempre depois uma boa relação enquanto jornalista com António Alberto Costa, pioneiro dos programas de rádio e na televisão em português na WJFD depois comprada em 75 por Edmundo Diniz e no Canal 6 de Televisão aos sábados no Programa *Passaporte para Portugal*.

Nesses anos, com a rádio a emitir em português e com um programa semanal de uma hora na televisão, Portugal e as ilhas ficavam mais perto. O jornal em português era e ainda é para os mais letrados. Vão longe esses tempos para os dias de agora. A RTP Internacional com emissões 24 horas em português, as rádios e os jornais à distância de um clique na internet, os aviões num vai e vem a 300 *dollars* a atravessarem o Atlântico, jornais a saírem em Newark ao mesmo tempo que em Lisboa, fazem parecer quase desnecessários os órgãos de comunicação locais das comunidades emigradas ou a Igreja Portuguesa de New Bedford, Toronto ou São José na Califórnia.

Nunca é demais recordar esses órgãos de comunicação social (OCS), desde logo a imprensa:

Na Califórnia a *Voz Portuguesa* fundada em 1880.

O *Diário de Notícias* fundado em New Bedford em 1919 e que fechou em 1973 para ceder lugar em dimensão e importância ao *Portuguese Times* de New Bedford, Massachusetts, fundado em 1971.

O *Luso-americano de Newark* fundado em 1928 em Newark quando a comunidade tinha pouco mais de 6.000 portugueses é, neste momento, o mais antigo jornal Luso-Americano da América.

A WJFD, estação de rádio fundada por Edmundo Diniz é, sem dúvida, a maior rádio em língua portuguesa na América emitindo 24 horas por dia e cobrindo uma grande área da Nova Inglaterra.

O Canal 20 de New Bedford, já desde os tempos do Canal 13, é o canal comunitário de televisão de maior dimensão na América do Norte.

Quantos ao longo dos anos serviram nas comunidades os média, fazendo a ponte entre a terra de origem e a emigração, mitigando a saudade e fortalecendo a identidade da comunidade emigrada...

Uns desaparecidos, outros ainda vivos. Entre muitos: Edmundo Diniz, Raul Benevides, Eduardo Lima, Adelino Ferreira, José Rebelo Mota, Eurico Mendes, António Alberto Costa, José Gama, os irmãos Seabra em Newark e quantos mais com natural receio de esquecer tantos que trabalharam nos média das comunidades.

Nesse mundo hoje dominado pela globalização, surge um fenómeno a que se chama *glocalização*. O maxi atrai o micro como se as margens do sistema se aproximassem. Nas comunidades, a par dos OCS nacionais que chegam em directo pela rádio, televisão e web, sobrevivem os média locais comunitários. Não em vias de extinção mas com igual dinamismo e pujança.

A WJFD FM está *on line*, o *Portuguese Times* é lido em Portugal ou na Califórnia na web, os programas portugueses de televisão em Toronto ou o Canal 20 de New Bedford continuam a ser vistos e apreciados. A presença das comunidades emigradas nos seus média locais são o próprio espelho da comunidade e factor da sua identidade e diferenciação. Os anúncios das casas de comércio de Fall River ou da padaria da Dundas em Toronto são parte do quotidiano dessas comunidades. As notícias da vida social, de organizações, eventos ou sucessos de um ou outro são parte da sua matriz identitária e afirmam a comunidade quer no meio adverso e estranho do país que os recebe, quer em relação à Pátria longínqua a que pertencem e que lhes chega pelos média globais nacionais.

A comunicação social local das comunidades foi no passado um factor determinante no mitigar a saudade da terra de origem. Hoje constituem factor identitário relevante da comunidade emigrada e um elemento de diferenciação dos média globais que lhes chegam pelo satélite ou pela internet.